MP3形式
CD-ROM

TEST OF PRACTICAL JAPANESE

J.TEST
A-C

実用日本語検定問題集
〔A-Cレベル〕
2021

日本語検定協会 編

語文研究社

はじめに

　この『J. TEST　実用日本語検定　問題集［A–C　レベル］2021年』には、2021年のA–Cレベル試験6回分を収めました。

　「J. TEST　実用日本語検定」の練習に利用してください。

　なお、下記の問題は、出版までに著者の同意が得られなかったため、過去に出題された問題と差し替えています。差し替えた問題には、★印がついています。

第3回問題5、第4回問題6・9

　「J. TEST　実用日本語検定」についての最新の情報は下記のURLをご覧ください。

J. TEST 事務局本部　http://j-test.jp/

日本語検定協会／J. TEST 事務局

目 次

はじめに

試験問題

第 1 回　試験問題

読解試験・・・・・・・・・・・・・・・・・・・・・・・・・・・・・・・・・・・・・　9

聴解試験・・・・・・・・・・・・・・・・・・・・・・・・・・・・・・・・・・・・・　37

第 2 回　試験問題

読解試験・・・・・・・・・・・・・・・・・・・・・・・・・・・・・・・・・・・・・　51

聴解試験・・・・・・・・・・・・・・・・・・・・・・・・・・・・・・・・・・・・・　81

第 3 回　試験問題

読解試験・・・・・・・・・・・・・・・・・・・・・・・・・・・・・・・・・・・・・　95

聴解試験・・・・・・・・・・・・・・・・・・・・・・・・・・・・・・・・・・・・　125

第 4 回　試験問題

読解試験・・・・・・・・・・・・・・・・・・・・・・・・・・・・・・・・・・・・　139

聴解試験・・・・・・・・・・・・・・・・・・・・・・・・・・・・・・・・・・・・　169

第 5 回　試験問題

読解試験・・・・・・・・・・・・・・・・・・・・・・・・・・・・・・・・・・・・　183

聴解試験・・・・・・・・・・・・・・・・・・・・・・・・・・・・・・・・・・・・　213

第 6 回　試験問題

読解試験・・・・・・・・・・・・・・・・・・・・・・・・・・・・・・・・・・・・　227

聴解試験・・・・・・・・・・・・・・・・・・・・・・・・・・・・・・・・・・・・　257

正解とスクリプト

第1回

正解・・・・・・・・・・・・・・・・・・・・・・・・・・・・・・・・・・・ 269

スクリプト・・・・・・・・・・・・・・・・・・・・・・・・・・・・・・ 270

第2回

正解・・・・・・・・・・・・・・・・・・・・・・・・・・・・・・・・・・・ 280

スクリプト・・・・・・・・・・・・・・・・・・・・・・・・・・・・・・ 281

第3回

正解・・・・・・・・・・・・・・・・・・・・・・・・・・・・・・・・・・・ 291

スクリプト・・・・・・・・・・・・・・・・・・・・・・・・・・・・・・ 292

第4回

正解・・・・・・・・・・・・・・・・・・・・・・・・・・・・・・・・・・・ 302

スクリプト・・・・・・・・・・・・・・・・・・・・・・・・・・・・・・ 303

第5回

正解・・・・・・・・・・・・・・・・・・・・・・・・・・・・・・・・・・・ 313

スクリプト・・・・・・・・・・・・・・・・・・・・・・・・・・・・・・ 314

第6回

正解・・・・・・・・・・・・・・・・・・・・・・・・・・・・・・・・・・・ 324

スクリプト・・・・・・・・・・・・・・・・・・・・・・・・・・・・・・ 325

実用日本語検定

TEST OF PRACTICAL JAPANESE

J.TEST

受験番号		氏　名	

注　意

1　試験が始まるまで、この問題用紙を開けないでください。

2　この問題用紙は、全部で３９ページあります。

日本語検定協会／Ｊ．ＴＥＳＴ事務局

J.TEST

実用日本語検定

読 解 試 験

1　文法・語彙問題　問題　（1）〜（40）

2　読解問題　　　　問題　（41）〜（60）

3　漢字問題　　　　問題　（61）〜（90）

4　記述問題　　　　問題　（91）〜（100）

1 文法・語彙問題

A 次の文の（　　　）に1・2・3・4の中から最も適当な言葉を入れなさい。

（1）　何度この仕事をやめようと（　　　）ことか。
　　　1　考え　　　　　2　考えた　　　　　3　考えよう　　　4　考えの

（2）　女性の方（　　　）、デザートが無料でつきます。
　　　1　にかぎり　　　2　かいなか　　　　3　しだいで　　　4　だけあって

（3）　今後、景気はどんどん悪くなる（　　　）だろう。
　　　1　きり　　　　　2　あまり　　　　　3　ばかり　　　　4　つつある

（4）　私の秘密を彼だけには（　　　）ざるを得ない。
　　　1　話さ　　　　　2　話し　　　　　　3　話す　　　　　4　話せ

（5）　両親の期待（　　　）こたえて弁護士になった。
　　　1　を　　　　　　2　から　　　　　　3　と　　　　　　4　に

（6）　子供の頃、近くの川で兄とよく（　　　）ものだ。
　　　1　泳いで　　　　2　泳いだ　　　　　3　泳ぎ　　　　　4　泳ぐ

（7）　休める（　　　）なら休みたいが、今は人が足りないので無理だ。
　　　1　わけ　　　　　2　うち　　　　　　3　ところ　　　　4　もの

（8）　ズボンの裾が泥（　　　）になった。
　　　1　まみれ　　　　2　のきざし　　　　3　がてら　　　　4　のきわみ

（9）　田中さんは仕事が（　　　）とかで、パーティーに来ないそうだ。
　　　1　忙しい　　　　2　忙しく　　　　　3　忙しかった　　4　忙しくて

（10）　彼の（　　　）にたえないうわさが広まっている。
　　　1　聞き　　　　　2　聞く　　　　　　3　聞いた　　　　4　聞いて

（11）　彼女は鬼（　　　）ごとき形相で睨んでいた。
　　　1　に　　　　　　2　まで　　　　　　3　の　　　　　　4　にも

(12) 彼女は誰にも挨拶する（　　　　）なしに、部屋を出て行った。

    1　ところ　　　　　　2　はず　　　　　　3　もの　　　　　　4　こと

(13) この地方は台風が多い。今年（　　　　）いたっては5度も上陸した。

    1　も　　　　　　　　2　に　　　　　　　3　を　　　　　　　4　と

(14) 村田さんは家業を継ぐ（　　　　）言って、先月、会社を辞めて実家に戻った。

    1　分には　　　　　　2　とか何とか　　　3　のなんの　　　4　やしない

(15) 60歳の誕生日（　　　　）新しい会社を作った。

    1　を機に　　　　　　　　　　　　　　2　をたよりに
    3　をなおざりにして　　　　　　　　　4　を押して

(16) 山本：「最近、岡さん、会社を（　　　　）どうしたんだろう」
　　　野村：「奥さんの体調が悪いらしいよ」

    1　休んでまで　　　　　　　　　　　　2　休むわりに
    3　休むに違いないけど　　　　　　　　4　休みがちだけど

(17) 森田：「阿部さんと近藤さんが隣の席になったらしい」
　　　川野：「それはまずいな。あの二人は顔を合わせたら（　　　　）よ」

    1　いつもけんかせずじまいだ　　　　　2　けんかしかねない
    3　けんかするだけましだ　　　　　　　4　けんかしないに越したことはない

(18) A：「来月は旅行、行けそう？」
　　　B：「ごめん。忙しいから（　　　　）週末も休めないと思う」

    1　旅行どころか　　　　　　　　　　　2　旅行とはうってかわって
    3　旅行に応じて　　　　　　　　　　　4　旅行に加えて

(19) 木村：「先月入社した長谷川さん、失敗が多くて困るな」
　　　高橋：「（　　　　）。少しずつ慣れていくと思う。もう少し様子をみようよ」

    1　彼なりに頑張っているよ　　　　　　2　彼は仕事どころではないよ
    3　彼は頑張らずとももいいよ　　　　　4　彼は自分の仕事をしたまでだよ

(20) 鈴木：「課長ったら、データの入ったUSBをなくしたんですって」
　　　吉野：「（　　　　）失態ですね」

    1　管理職はおろか　　　　　　　　　　2　管理職ならまだしも
    3　管理職としてあるまじき　　　　　　4　管理職ではあるまいし

B　次の文の（　　　）に１・２・３・４の中から最も適当な言葉を入れなさい。

(21)　急な出張で、（　　　）姉の結婚式に出席できなくなるかもしれない。
　　　1　せっかく　　　2　まるで　　　3　まもなく　　　4　もしかしたら

(22)　机にコーヒーを（　　　）しまった。
　　　1　整えて　　　2　逆らって　　　3　崩れて　　　4　こぼして

(23)　部長は周りの人から（　　　）されている。
　　　1　分担　　　2　受信　　　3　信頼　　　4　行儀

(24)　この町は海に面しているが、漁業より（　　　）業が盛んだ。
　　　1　木　　　2　林　　　3　森　　　4　山

(25)　こちらは本日の（　　　）商品となっております。
　　　1　目印　　　2　目安　　　3　目上　　　4　目玉

(26)　台風に（　　　）、社員は早めに帰ってください。
　　　1　備えて　　　2　なじんで　　　3　耐えて　　　4　達して

(27)　（　　　）を見てイベントを知ったお客様が多い。
　　　1　キャップ　　　2　トレイ　　　3　ビラ　　　4　ロープ

(28)　毎回お礼状を送ってくる彼は、本当に（　　　）人だ。
　　　1　まめな　　　2　大柄な　　　3　気まぐれな　　　4　無礼な

(29)　10時（　　　）に会社に着いた。
　　　1　ひところ　　　2　きっかり　　　3　とっさ　　　4　がらんと

(30)　顔から（　　　）が出るほど恥ずかしい思いをした。
　　　1　水　　　2　火　　　3　石　　　4　血

C　次の文の_____の意味に最も近いものを１・２・３・４の中から選びなさい。

(31)　残っていた料理を一人で食べきった。
　　　　１　全部食べた　　　２　食べ始めた　　　３　食べたかった　　４　食べていた

(32)　話を聞いて、がっかりした。
　　　　１　感動した　　　　２　失望した　　　　３　怒った　　　　　４　泣いた

(33)　井上さんはＺ社の新商品について知り抜いている。
　　　　１　よく知っている　　　　　　　　　２　知りたいと思っている
　　　　３　ほとんど知らない　　　　　　　　４　知る必要がある

(34)　私の女房は40歳だ。
　　　　１　妻　　　　　　　２　娘　　　　　　　３　姪　　　　　　　４　母

(35)　これからはもっと節約して生活しようと思う。
　　　　１　好きなように　　　　　　　　　　２　無駄なお金を使わないように
　　　　３　休まず働いて　　　　　　　　　　４　時間を大切に

(36)　口をつぐめ。
　　　　１　大声で叫べ　　　２　決して笑うな　　３　何も話すな　　４　正直に言え

(37)　彼は厚かましい人だ。
　　　　１　そそっかしい　　２　図々しい　　　　３　だらしない　　４　頼もしい

(38)　吉野さんはいつも黙々と仕事をしている。
　　　　１　とても嫌そうに　　　　　　　　　２　楽しそうに
　　　　３　ゆっくりと　　　　　　　　　　　４　だまって

(39)　彼の活躍を願ってやまない。
　　　　１　心から願っている　　　　　　　　２　願っていたが叶わなかった
　　　　３　願っていないわけではない　　　　４　願ってもしょうがない

(40)　金子さんは会議中、上の空だった。
　　　　１　何も話さなかった　　　　　　　　２　居眠りをしていた
　　　　３　上ばかり見ていた　　　　　　　　４　集中していなかった

2 読解問題

問題　1

次のメールを読んで問題に答えなさい。
答えは１・２・３・４の中から最も適当なものを１つ選びなさい。

2021/1/13　15:42

件名：小林さんからの電話

坂本さん

お疲れさまです。
今日15：30頃、小林さんから電話がありました。
明日の会議の開始時刻が15時になったそうです。
また、報告書をメールで送ったので見てほしいとのことです。
内容についてわからないことがあれば、明日の午前中までに
電話してほしいとのことでした。
よろしくお願いします。

南

---

(41)　会議はいつ行われますか。
1　1月13日の午後３時
2　1月13日の午後３時半
3　1月14日の午前中
4　1月14日の午後３時

(42)　報告書について確認したい場合、どうしますか。
1　会議の時に小林さんに質問する。
2　明日の午前中に南さんに質問する。
3　明日の午前中までに小林さんに電話で質問する。
4　今日中に小林さんにメールで質問する。

問題　2

次のメールを読んで問題に答えなさい。
答えは１・２・３・４の中から最も適当なものを１つ選びなさい。

2021/2/10　10:25

細川由梨花様

先日は弊社の面接にお越しいただき、誠にありがとうございました。

さて、面接の結果についてですが、社内で慎重に検討させていただきました結果、今回の採用につきましては、見送らせていただくこととなりました。

また、選考に関するお問い合わせにつきましては、お答え致しかねますこと、ご了承くださいますようお願いいたします。

なお、細川様の応募書類は、こちらで責任をもって処分させていただきます。

多数の企業の中から弊社を選び、ご応募いただきましたことを感謝するとともに、細川様の今後のご活躍を心よりお祈り申し上げます。

ゴブン株式会社
人事部　採用担当　山崎

---

(43)　何を伝えるためのメールですか。
1　応募書類を受け取ったこと
2　面接の内容がすばらしかったこと
3　選考の結果、内定が決まったこと
4　面接で不合格になったこと

(44)　メールの内容と合っているのはどれですか。
1　細川さんは応募書類を処分することにした。
2　細川さんは複数の企業の募集に応募していた。
3　会社は選考についての質問を受け付けていない。
4　会社は合否について検討中である。

問題　3

次の文書を読んで問題に答えなさい。
答えは１・２・３・４の中から最も適当なものを１つ選びなさい。

令和3年3月10日

総務部　吉田

横山神社清掃のお知らせ

　いずみ町町内会による横山神社の清掃が3月21日に行われます。
　ご存知のとおり、いずみ町に本社を置く当社も毎年社員が参加し、町内の皆様との交流を深めています。強制ではありませんが、なるべくご参加ください。
　神社の清掃ですが、宗教的な行事ではありません。外国籍の方、他宗教の方も参加できます。

日時：3月21日（日曜日）　午前10時～正午
（雨天延期　日程は未定です）

【参加される方へ】
・汚れても良い服装でご参加ください。
・ご自宅に「軍手」「竹ぼうき」があればご持参ください。
・車で行かれる方は前日までに総務部吉田までご連絡ください。
・安全確認のため、掃除の開始時に必ず町内会の担当者に名前を知らせてください。
・参加者にはお茶が支給されます。

以上

（45）　参加する人が必ずしなければならないことはどれですか。
　　　1　3月20日までに吉田さんに連絡する。
　　　2　町内会の人に名前を伝える。
　　　3　飲み物と昼食を持って行く。
　　　4　軍手とほうきを持って行く。

（46）　文書の内容と合っているのはどれですか。
　　　1　参加しない人には罰則がある。
　　　2　雨の場合は延期するが、日程はまだ決まっていない。
　　　3　宗教的な行事であることを理解してほしい。
　　　4　日本人と外国人が親しくなるための行事である。

問題　4

次の文書を読んで問題に答えなさい。
答えは１・２・３・４の中から最も適当なものを１つ選びなさい。

2021 年 1 月 25 日

株式会社　田村電機産業
技術開発部
山田様

株式会社　中部精密工業
製造部　佐々木

欠陥品納入のお詫び

拝啓　ますますご清祥のこととお慶び申し上げます。平素は格別のご高配を賜り厚くお礼申し上げます。

　さて、このたびは、1 月 20 日納品の「KD-112」10 台のうち、1 台に欠陥品がございました件につきまして、深くお詫び申し上げます。
　多大なるご迷惑をおかけし、誠に申し訳ございません。

　ご返送いただきました製品を改めて点検したところ、部品の一部に不具合が見つかり、ただいま詳しい原因を調査しております。

　尚、本日、新しい製品を発送いたしましたので、1 月 28 日午前中には、お手元に届くかと思います。ご査収いただきますようお願い申し上げます。

　今後、二度とこのようなことが起きないよう製品の点検作業を徹底してまいりますので、今後とも変わらぬお引き立てをお願い申し上げます。

　取り急ぎ書面にてお詫び申し上げます。

敬具

（47）　山田さんは何をしましたか。

　　　1　中部精密工業から納品された製品のうち1台を返品した。

　　　2　中部精密工業に製品10台の点検を依頼した。

　　　3　製品1台の部品の一部を中部精密工業に送った。

　　　4　1月20日に中部精密工業に製品を10台注文した。

（48）　佐々木さんは何をしましたか。

　　　1　田村電機産業へ製品を回収しに行った。

　　　2　新しい製品を田村電機産業に発送した。

　　　3　製品の納品台数を間違えた。

　　　4　「KD-112」を開発した。

問題　5

次の文章を読んで問題に答えなさい。
答えは1・2・3・4の中から最も適当なものを1つ選びなさい。

　いいことも悪いこともする、どうしようもない失敗もしてしまう、それが人間という(＊1)厄介なイキモノだ。ＡＩよりずっと効率が悪い。

　それでも、覚えた「正解」以外の「別解」をいくつも見つけ出せるのは人間の強みである。人間が生きていくなかでは、合理的に解決できないことがいくらでもある。そんなとき、自由な発想でどうハードルを飛び越えるか、そこに人間の(＊2)値打ちが出てくるのではないだろうか。

　一見、成功した人ほど値打ちが上がるように思えるが、失敗を繰り返すプロセスがなければ成功は生まれない。と言うことは、失敗が多いことが値打ちにつながることもあるわけだ。

（＊1）厄介なイキモノ…面倒な生き物
（＊2）値打ち…価値

（鎌田實『人間の値打ち』集英社より一部改）

---

(49)　文章の内容と合っているのはどれですか。
　　　1　人間は成功してはじめて値打ちが出てくる。
　　　2　ＡＩよりも人間のほうが効率的である。
　　　3　多くの失敗が人間の値打ちを生む。
　　　4　人間の強みは物事を合理的に解決できることである。

問題　6

次の文章を読んで問題に答えなさい。
答えは1・2・3・4の中から最も適当なものを1つ選びなさい。

　どんな仕事にも、タイムリミットというものがあります。ですから、準備不足でも自信がなくても、仕事をスタートさせなければならないことがしばしば起こります。

　しかし、完璧に準備が整わないと仕事が始められない人や、「とりあえず」ということを好まない人も大勢います。あらゆる資料を読み、チェックをし、これならば失敗しないと自分を納得させなければ動かない人たちです。

　こういう人たちは自分のことを「慎重派」だと評価していると思いますが、私はそうは思いません。本人のやる気のなさの言い訳であり、単に優柔不断なのだと思います。

（臼井由妃『1週間は金曜日から始めなさい』かんき出版より一部改）

---

(50)　筆者の考えに合うのはどれですか。
1　準備不足を理由に仕事を始めない人は、やる気がなく優柔不断なだけである。
2　仕事に対してやる気のある人は、仕事を始める前に完璧に準備をしている。
3　優柔不断だと言われても慎重に仕事を進めるべきである。
4　自信がない仕事はやるべきではない。

問題　7

次の文章を読んで問題に答えなさい。
答えは１・２・３・４の中から最も適当なものを１つ選びなさい。

自賠責保険料　16%安く　全車種平均　4月契約分から

自動車損害賠償責任保険（自賠責保険）の保険料が今年四月の契約分から全車種平均で１6%前後引き下げられる見通しとなった。関係者が十五日に明らかにした。自動ブレーキをはじめとする自動車の安全性能の向上で交通事故が少なくなり、保険金支払額が減っているためだ。値下げは二〇一七年四月の保険料改定以来三年ぶりとなる。

金融庁の自賠責保険審議会が十六日と二十二日の会合で保険料の引き下げを議論。損害保険会社でつくる損害保険料率算出機構が値下げ幅を正式に決める。

（「東京新聞」2020 年 1 月 16 日付より一部改）

---

(51)　自賠責保険の保険料が引き下げられる理由は何だと言っていますか。
　　　1　自動ブレーキの搭載が義務化され、交通事故が減ったため
　　　2　事故率が高い若者の自賠責保険加入率を上げるため
　　　3　交通事故が減少し、保険会社の賠償金支払い負担が減ったため
　　　4　事故が10年前より16%減り、保険金支払額が減っているため

── このページには問題はありません。──

問題 8

次のページの案内を読んで問題に答えなさい。
答えは1・2・3・4の中から最も適当なものを1つ選びなさい。

(52) この講座に申し込めるのはどんな人ですか。
1 大津市民で、「エクセル編Ⅰ」の講座を受けたことがある人
2 「初級エクセルⅡ」のテキストで勉強したことがある人
3 自分でパソコンを用意できる人
4 大津市内で働いていて、パソコンの基礎的なことがわかっている人

(53) 申し込みたい人はどうしますか。
1 テキストを持って3月11日の19時に大津市立中央公民館へ行く。
2 大津市立中央公民館へ行って1500円払う。
3 市民学習課に往復はがきを送って申し込む。
4 2月15日に市民学習課に電話をして申し込む。

パソコン基礎講座（エクセル編Ⅱ）

*日　時 ： 2021 年 3 月 11 日～6 月 17 日（全 15 回）
　　　　　　毎週木曜日　19 時～20 時 30 分

*場　所 ： 大津市立中央公民館

*対　象 ： 市内在住で過去にエクセル編Ⅰの受講歴がある方

*定　員 ： 15 人

*テキスト ： 「初級エクセルⅡ」（大森出版）　1500 円

*受講料 ： 無料
　　　　　　※テキストは各自、書店で購入の上、ご持参ください。

【申し込み方法】
　往復はがきに「パソコン基礎講座希望　エクセル編Ⅱ」とご明記の上、
住所、氏名、年齢、電話番号を記入し、下記までお送りください。

　　〒520-11XX　大津市 XX 町 2-3
　　「市民学習課　パソコン基礎講座係」（2 月 15 日必着）

　　　　　　　　　　　　　　　◆問い合わせ◆
　　　　　　　　　　　　　　　市民学習課
　　　　　　　　　　　　　　　電話：077-344-XXXX

問題　9

次の文章を読んで問題に答えなさい。
答えは１・２・３・４の中から最も適当なものを１つ選びなさい。

コンビニ ATM 手数料変更

　三菱UFJ 銀行は、コンビニエンスストアにある現金自動預け払い機（ATM）での引き出しや預け入れなどにかかる手数料を抜本的に見直す。利用が集中する 25 日と月末の「ピーク日」は日中を無料にする一方、通常日は値上げする。

　5 月 1 日から実施する予定だ。ピーク時は、コンビニの ATM に客を誘導することで、同行の支店などに来る客を減らし、混雑を緩和する狙いがある。

　通常日のコンビニの ATM の手数料値上げは、コンビニでの利用を減らし、手数料が安い自行の ATM の稼働を増やすためだ。

　ピーク日は、日中の手数料を現在の 110 円から無料にする。銀行休業日と重なった場合は前営業日を無料にする。給料日が集中する 25 日や中小企業の振り込みが多い月末は ATM の利用件数が約 2 倍に増え、行列ができることもあり、混雑緩和が課題となっていた。

　一方、ピーク日以外の手数料を値上げした後の料金は ATM の運営会社によって異なる。（＊１）セブン銀行の日中の手数料は 110 円から 220 円に、（＊２）ファミリーマートなどに設置されている（＊３）イーネットや（＊４）ゆうちょ銀行の ATM は 110 円から 198 円になる。（＊５）ローソン銀行も、2021 年 4 月以降の改定を検討している。

　三菱 UFJ には、給与振込口座に指定した上でインターネットバンキングを利用している人など、一定の条件を満たせばコンビニの ATM の手数料などを優遇する「メインバンクプラス」という制度がある。5 月以降も、優遇を受けられる条件は変更しない。

（＊１）セブン銀行…コンビニ大手、セブン-イレブンのグループ会社が運営する銀行
（＊２）ファミリーマート…大手コンビニの 1 つ
（＊３）イーネット…コンビニやスーパーなどに設置されている銀行の共同 ATM
（＊４）ゆうちょ銀行…日本郵政グループの子会社が運営する銀行
（＊５）ローソン銀行…コンビニ大手、ローソンのグループ会社が運営する銀行

（「読売新聞」2020 年 1 月 28 日付より抜粋）

(54) 三菱UFJ銀行が「手数料を抜本的に見直す」のはどうしてですか。

　　1　銀行を利用する客が減っているため

　　2　銀行が混雑する日にはコンビニのATMを利用してほしいため

　　3　多くの客がコンビニのATM手数料に不満を持っているため

　　4　他の銀行も手数料の見直しを予定しているため

(55) 三菱UFJ銀行について、文章の内容と合っているのはどれですか。

　　1　コンビニ内のATMの手数料はいつでも無料になる。

　　2　月末は銀行内のATMのほうがコンビニ内のATMより安くなる。

　　3　ローソン銀行は今後もコンビニのATMの手数料を変える予定はない。

　　4　「メインバンクプラス」の利用者は引き続き優遇を受けられる。

問題　10

次の文章を読んで問題に答えなさい。
答えは１・２・３・４の中から最も適当なものを１つ選びなさい。

　　これまで一般的に、働く女性は極力、家庭やプライベートの都合を仕事の制約にせず、男性と対等に、仕事での成功やキャリアアップを追求したいバリ（＊１）キャリか、家庭やプライベートの時間を確保することを優先し、それが可能となる範囲で仕事をするゆるキャリかといった二元論で語られてきました。　（…中略…）

　　一方、近年、プライベートでは結婚も出産もして、家事や子育てにも積極的に取り組みながら、仕事でも、周囲の期待に応える成果をしっかりと出して、仕事を通じて少しでも自分を高めていきたいと考える女性が増えています。筆者は、このように、家事や子育てでも、仕事でも、貢献と成長を目指し、二者択一ではなく、双方に同時に取り組み、実現したいと考える人を、従来のバリキャリ、ゆるキャリのどちらでもない新しい（＊２）セグメントであるとして、フルキャリと定義しました。

　　従来のように、結婚か仕事か、子どもか仕事かというように、どちらか一方を選ぶ、もしくはどちらか一方に重きを置くのではなく、理想的にはどちらも「Fulfill したい（全うしたい、目標を成就させたい）」と考えているのがフルキャリです。そうであるがゆえに、時間的にも、肉体的にも、精神的にも、「Full（溢れるほどいっぱい）」になりやすいという特徴を持ちます。こうした特徴を踏まえて、筆者は彼女たちを「"フル"キャリ」と名付けました。

（＊１）キャリ…キャリアウーマン。専門的な知識などが必要な職業に就いている女性
（＊２）セグメント…分け方

（武田佳奈『フルキャリマネジメント　子育てしながら働く部下を持つマネジャーの心得』
東洋経済新報社より一部改）

(56) かつての働く女性について、文章の内容と合っているのはどれですか。
1 「バリキャリ」か「ゆるキャリ」かのどちらかを望む女性しかいなかった。
2 仕事よりも家庭やプライベートを優先させる「ゆるキャリ」を選択する女性の
ほうが多かった。
3 仕事か家庭やプライベートかのどちらかを優先させる働き方をしていた。
4 働き続けるためには「バリキャリ」を選択するしかなかった。

(57) 下線部「フルキャリ」とは、どのような人を指しますか。
1 家庭やプライベートよりも仕事を優先する女性
2 家庭やプライベートを優先しながら働く女性
3 仕事と、家庭やプライベートの両立を目指す女性
4 仕事を辞め、家庭やプライベートに専念する女性

問題　１１

次の文章を読んで問題に答えなさい。
答えは１・２・３・４の中から最も適当なものを１つ選びなさい。

　　もしも日本に石油が豊富に湧き出ていたら、おそらくは環境や省エネルギーに対する意識
は今日ほどには高まっていなかったはずだ。周囲を海に囲まれ、その大半が山であるという
恵まれた自然も、湧き出る石油や排ガスによって後戻りできないほどにぼろぼろに汚染され
ていたかもしれないし、地球温暖化をもたらす温室効果ガスの排出量規制について、京都で
国際会議を主宰する主体性も持ち得ていなかっただろう。（　　Ａ　　）、日本の石油消費や二
酸化炭素の排出を抑制すべく、中国やアメリカが必死で説得するような事態を迎えていたか
もしれない。マネーという富はもっと巨大にこの国に蓄えられ、医療も、教育も、通信も、
全て無料で国が提供するような裕福な国になっていたかもしれないが、その豊かさは、やが
て訪れる次の時代に対応できず、悲惨な衰退を運命づけられていたかもしれない。

　　幸いなことに、日本には天然資源がない。そしてこの国を繁栄させてきた資源は別のとこ
ろにある。それは繊細、丁寧、緻密、簡潔にものや環境をしつらえる知恵であり感性である。
天然資源は今日、その流動性が保障されている世界においては買うことができる。オースト
ラリアのアルミニウムも、ロシアの石油も、お金を払えば買えるのだ。しかし文化の根底で
育まれてきた感覚資源はお金で買うことはできない。求められても輸出できない価値なので
ある。

（原研哉『日本のデザイン　美意識がつくる未来』岩波書店より一部改）

(58)　（　A　）に入る言葉は、どれですか。
　　　1　むしろ
　　　2　まして
　　　3　ともあれ
　　　4　それゆえ

(59)　下線部「幸いなことに」とありますが、なぜ天然資源がないことが幸いなのですか。
　　　1　採掘技術で他国の優位に立てたから
　　　2　勤勉で主体的な国民性が得られたから
　　　3　天然資源をめぐる他国との権益争いがないから
　　　4　代わりに、感覚資源が得られたから

(60)　日本について、文章の内容と合っているのはどれですか。
　　　1　温室効果ガスの排出の規制が緩い。
　　　2　恵まれた自然を大切にしていない。
　　　3　石油を他国から大量に輸入できるほど裕福である。
　　　4　天然資源に乏しいため、省エネに関心がある。

3　漢字問題

A　次のひらがなの漢字をそれぞれ１・２・３・４の中から１つ選びなさい。

(61)　部長に<u>そうだん</u>した。
　　　　1　相談　　　　　　2　要求　　　　　3　確認　　　　　4　解説

(62)　彼の仕事は丁寧^{ていねい}だが、とても<u>おそい</u>。
　　　　1　怖い　　　　　　2　狭い　　　　　3　遅い　　　　　4　汚い

(63)　作品に<u>ふれて</u>はいけない。
　　　　1　触れて　　　　　2　優れて　　　　3　壊れて　　　　4　断れて

(64)　そのコップに<u>こおり</u>を入れて。
　　　　1　塩　　　　　　　2　氷　　　　　　3　毛　　　　　　4　虫

(65)　うちの犬はとても<u>かしこい</u>。
　　　　1　甘い　　　　　　2　幼い　　　　　3　賢い　　　　　4　荒い

(66)　部長を<u>そんけい</u>している。
　　　　1　尊敬　　　　　　2　敬慕　　　　　3　尊厳　　　　　4　賞賛

(67)　それぞれの<u>こせい</u>を伸^のばす。
　　　　1　性格　　　　　　2　適性　　　　　3　個性　　　　　4　関係

(68)　<u>あせらない</u>で長い目で見守ろう。
　　　　1　汗らない　　　　2　燥らない　　　3　促らない　　　4　焦らない

(69)　この仕事、<u>ぼく</u>にやらせてください。
　　　　1　僕　　　　　　　2　奴　　　　　　3　婿　　　　　　4　嫁

(70)　こちらの資料を<u>はいしゃく</u>してもよろしいですか。
　　　　1　盃借　　　　　　2　拝借　　　　　3　貸借　　　　　4　俳借

(71) 昨日出した申請書はきゃっかされたようだ。
　　　1　却下　　　　　2　放棄　　　　　3　廃棄　　　　　4　消火

(72) ぬるま湯につかっていては出世しない。
　　　1　遣かって　　　2　漬かって　　　3　培かって　　　4　浸かって

(73) 山本さんとはめんしきがない。
　　　1　綿織　　　　　2　面識　　　　　3　免震　　　　　4　免疫

(74) 皆の前で得意の歌をひろうした。
　　　1　暴露　　　　　2　慰労　　　　　3　翻弄　　　　　4　披露

(75) 社長はどのようにおっしゃっているのですか。
　　　1　扱って　　　　2　喋って　　　　3　仰って　　　　4　狙って

B　次の漢字の読み方を例のようにひらがなで書いてください。

> ・ひらがなは、<u>正しく、ていねいに</u>書いてください。
> ・<u>漢字の読み方だけ</u>書いてください。
>
> （例）　はやく<u>書</u>いてください。　　｢　｜ （例） | か ｜

(76)　<u>与</u>えられた仕事を一生懸命やりなさい。

(77)　味が<u>薄</u>かったので、しょう油を<u>加</u>えた。

(78)　もっと<u>具体</u>的に教えてください。

(79)　給料は妻に<u>預</u>けている。

(80)　<u>有能</u>な社員が多い。

(81)　<u>直</u>ちに準備にとりかかる。

(82)　ここからだと<u>表情</u>まではわからない。

(83)　あの企業は成長が<u>著</u>しい。

(84)　オフィスの室温は20度前後に<u>保</u>っている。

(85)　パソコンで作成した<u>履歴</u>書を送る。

(86)　彼女の訪問を<u>歓迎</u>する。

(87)　会社に<u>貢献</u>したい。

(88)　<u>極</u>めて珍しい例だ。

(89)　社内のＩＴ化により<u>煩雑</u>な作業が効率化した。

(90)　学業<u>成就</u>のお守りを買う。

4 記述問題

A 例のように_____に適当な言葉を入れて文を作ってください。

・文字は、**正しく、ていねいに**書いてください。
・漢字で書くときは、**今の日本の漢字を正しく、ていねいに**書いてください。

（例）　きのう、＿＿＿＿＿＿＿＿＿＿でパンを＿＿＿＿＿＿＿＿＿＿。
　　　　　　　　　　　　（A）　　　　　　　　　　　　（B）

（例）	（A）	スーパー	（B）	買いました

---

(91)　A：夏までに体重を＿＿＿＿＿＿＿＿＿＿んですが、どうしたらいいですか。
　　　　　　　　　　　　　　　　（A）

　　　B：毎日プールで1時間ぐらい＿＿＿＿＿＿＿＿＿＿ら、きっとやせますよ。
　　　　　　　　　　　　　　　　　　　　　　（B）

(92)　郊外に引っ越せば、家賃は＿＿＿＿＿＿＿＿＿＿反面、
　　　　　　　　　　　　　　　　　　　（A）

　　　交通が＿＿＿＿＿＿＿＿＿＿になるので、なかなか決心がつかない。
　　　　　　　　　（B）

(93)　行きたかった大学に＿＿＿＿＿＿＿＿＿＿できて、涙が出る＿＿＿＿＿＿＿＿＿＿嬉しかった。
　　　　　　　　　　　　　　　（A）　　　　　　　　　　　　　　　　　（B）

(94)　鈴木さんは＿＿＿＿＿＿＿＿＿＿のみならず、二度もオリンピックで
　　　　　　　　　　　　　（A）

　　　メダルを＿＿＿＿＿＿＿＿＿＿体操選手だ。
　　　　　　　　　　（B）

(95)　彼は雨に＿＿＿＿＿＿＿＿＿＿のもかまわず、傘も＿＿＿＿＿＿＿＿＿＿ずに外に飛び出した。
　　　　　　　　　　（A）　　　　　　　　　　　　　　　　　（B）

B　例のように３つの言葉を全部使って、会話や文章に合う文を作ってください。

・【　　　】の中の文だけ書いてください。
・1.→2.→3.の順に言葉を使ってください。
・言葉の＿＿の部分は、形を変えてもいいです。
・文字は、正しく、ていねいに書いてください。
・漢字で書くときは、今の日本の漢字を正しく、ていねいに書いてください。

（例）
きのう、【　1．どこ　→　2．パン　→　3．買う　】か。

（例）	どこでパンを買いました

(96)

A：来年から娘を【　1．フランス　→　2．留学する　→　3．つもり　】
　　なんです。
B：そうですか。さびしくなりますね。

(97)

日本への【　1．旅行　→　2．きっかけに　→　3．着物　】興味を持った。

(98)

私の仕事は【　1．パソコン　→　2．さえ　→　3．ある　】
どこででもできる。

(99)

彼は何も【　1．知る　→　2．くせに　→　3．知る　】かのように話す。

(100)

坂井：山田さん、さんざん【　1．悩む　→　2．すえに　→　3．買う　】
　　　ことにしたらしいですよ、新しい車。
伊藤：それがいいですよね。今の車、まだ乗れるんですから。

J.TEST
実用日本語検定

聴　解　試　験

1	写真問題	問題	1～10
2	聴読解問題	問題	11～20
3	応答問題	問題	21～40
4	会話・説明問題	問題	41～55

1 写真問題 （問題1〜10）

例題

例題1
例題2

例題1→	れい1	●	②	③	④

（答えは解答用紙にマークしてください）

例題2→	れい2	①	②	●	④

（答えは解答用紙にマークしてください）

A　　　問題1
　　　　問題2

B　問題3
　　問題4

C　問題5
　　問題6

D 問題7
　問題8

E 問題9

F　　問題10

2 聴読解問題 (問題11～20)

G　問題11
　　問題12

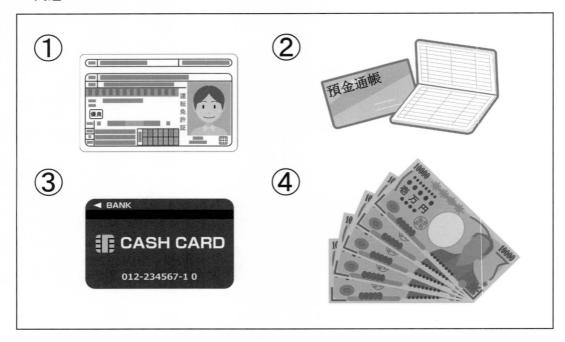

H　問題13
　　問題14

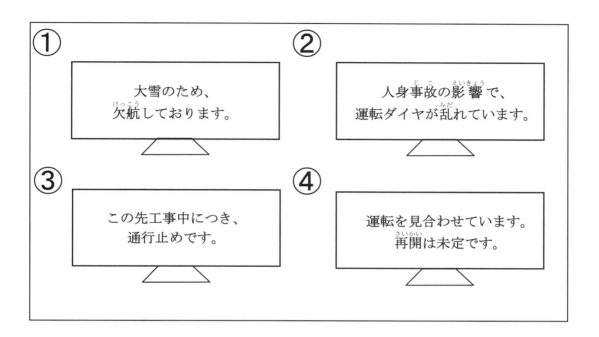

① 大雪のため、
　欠航しております。

② 人身事故の影響で、
　運転ダイヤが乱れています。

③ この先工事中につき、
　通行止めです。

④ 運転を見合わせています。
　再開は未定です。

I　問題15
　　問題16

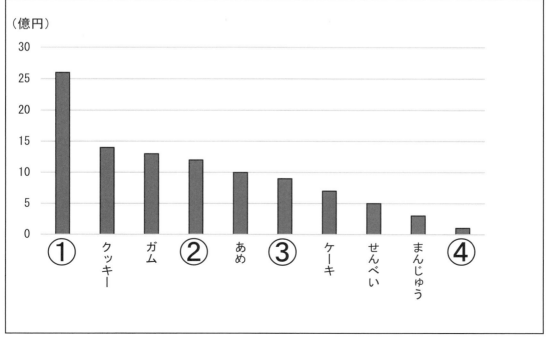

（億円）

① クッキー ガム ② あめ ③ ケーキ せんべい まんじゅう ④

J　問題17
　　問題18

		量的経営資源 （従業員数、資金力など）	
		大	小
質的経営資源 （技術力、マーケティング力、ブランド力など）	高	リーダー ①	ニッチャー ②
	低	チャレンジャー ③	フォロワー ④

K　問題19

① 1位
② 2位
③ 3位
④ 4位

問題20

① 南区
② 東区
③ 西区
④ 北区

3 応答問題 （問題21〜40）

（問題だけ聞いて答えてください。）

例題1	→	れい1	●	②	③	（答えは解答用紙にマークしてください）
例題2	→	れい2	①	●	③	（答えは解答用紙にマークしてください）

問題21

問題22

問題23

問題24

問題25

問題26

問題27

問題28

問題29

問題30

問題31

問題32

問題33

問題34

問題35

問題36

問題37

問題38

問題39

問題40

メモ（MEMO）

4 会話・説明問題 （問題41～55）

例題	1	資料のコピー
	2	資料のチェック
	3	資料の作成

れい ① ● ③ （答えは解答用紙にマークしてください）

1

問題41 1 文字
2 印刷する枚数
3 デザイン

問題42 1 シールを貼る。
2 シールを作る。
3 ポスターを印刷する。

2

問題43 1 女性の腰が痛いから
2 雪用のタイヤがないから
3 忙しいから

問題44 1 来月2泊3日で東北に行く。
2 今月1泊2日で旅行に行く。
3 今月休みを取って旅行に行く。

3

問題45 1 健康診断を受けていないこと
2 コーヒーを飲みすぎていること
3 朝食をとっていないこと

問題46 1 自炊する。
2 コーヒーをやめて牛乳を飲む。
3 医師に勧められた朝食をとる。

問題47　　1　トラックのスピードの出し過ぎ
　　　　　　2　トラックの踏切（ふみきり）への進入
　　　　　　3　電車のブレーキの故障（こしょう）

問題48　　1　電車の乗客
　　　　　　2　トラックの運転手
　　　　　　3　歩行者

5

問題49　　1　駅のテレワークボックス
　　　　　　2　カフェ
　　　　　　3　カラオケ店

問題50　　1　15分ごとに料金を支払う。
　　　　　　2　部屋が狭いが、安上がりである。
　　　　　　3　料金に飲み物代が含まれている。

6

問題51　　1　撮影（さつえい）方法が古かったため
　　　　　　2　性役割を固定化していたため
　　　　　　3　日本の現状を批判（ひはん）していたため

問題52　　1　現状をそのまま認める。
　　　　　　2　時代を少し先取りする。
　　　　　　3　時代の最先端（さいせんたん）を描（えが）く。

7

問題53　　1　歴史のある有名な会社だから
　　　　　　2　女性の父親に世話になったことがあるから
　　　　　　3　女性の会社がボランティアに熱心だったから

問題54　　1　海外への生産拠点（きょてん）の移転
　　　　　　2　地域密着（みっちゃく）型の経営
　　　　　　3　ITの導入

問題55　　1　専門家を紹介してもらうこと
　　　　　　2　新規事業に参加してもらうこと
　　　　　　3　男性の企業（きぎょう）の傘下（さんか）に入れてもらうこと

終わり

実用日本語検定

TEST OF PRACTICAL JAPANESE

J.TEST

受験番号		氏　名	

注　意

1　試験が始まるまで、この問題用紙を開けないでください。

2　この問題用紙は、全部で４１ページあります。

日本語検定協会／Ｊ．ＴＥＳＴ事務局

J.TEST

実用日本語検定

読 解 試 験

1　文法・語彙問題　問題　（1）〜（40）

2　読解問題　　　　問題　（41）〜（60）

3　漢字問題　　　　問題　（61）〜（90）

4　記述問題　　　　問題　（91）〜（100）

1 文法・語彙問題

A 次の文の（　　　）に1・2・3・4の中から最も適当な言葉を入れなさい。

（1）　この店は高い上（　　　）料理もおいしくない。
　　　1　も　　　　　　2　と　　　　　　3　の　　　　　　4　に

（2）　この仕事は急がないから、明日にしても（　　　）よ。
　　　1　きりがない　　2　ためしがない　3　かまわない　　4　このうえない

（3）　お急ぎの（　　　）電車が遅れ、申し訳ございません。
　　　1　とき　　　　　2　ほど　　　　　3　あいだ　　　　4　ところ

（4）　田中さんは会社では（　　　）ぶっている。
　　　1　真面目　　　　2　真面目に　　　3　真面目だ　　　4　真面目で

（5）　（　　　）どんな人にも悩みがある。
　　　1　多かれ少なかれ　　　　　　　　　2　多さといい少なさといい
　　　3　多さであれ少なさであれ　　　　　4　多いなり少ないなり

（6）　新製品（　　　）関する資料を読む。
　　　1　で　　　　　　2　を　　　　　　3　に　　　　　　4　と

（7）　失敗（　　　）こそ、次の成功があるのだ。
　　　1　したら　　　　2　した　　　　　3　する　　　　　4　して

（8）　彼は自分の苦しみを涙（　　　）訴えた。
　　　1　なくして　　　2　ながらに　　　3　なりに　　　4　と相まって

（9）　このチームは（　　　）べくして勝ったと思う。
　　　1　勝ち　　　　　2　勝って　　　　3　勝った　　　　4　勝つ

（10）　鈴木さんは上司がいないの（　　　）いいことに、ほとんど仕事をしていない。
　　　1　に　　　　　　2　を　　　　　　3　は　　　　　　4　で

（11）　わからなければ他の人に（　　　）までだ。
　　　1　聞いて　　　　2　聞く　　　　　3　聞き　　　　　4　聞いた

(12) 雨のため、スポーツ大会は中止（　　　）。
1　を禁じ得ない　　　　　　　　　2　にかたくない
3　にはあたらない　　　　　　　　4　を余儀なくされた

(13) 忙しいとはいえ、明日までにできない（　　　）でもない。
1　はず　　　　　　2　ため　　　　　　3　つもり　　　　　4　もの

(14) 社長の話はいつも計画（　　　）に終わる。
1　の候（こう）　　　　2　ほうだい　　　　3　足らず　　　　　4　倒れ

(15) こんな物でも（　　　）ようによっては役に立つ。
1　使う　　　　　　2　使って　　　　　3　使い　　　　　4　使わ

(16) 清水（しみず）：「新入社員の山田（やまだ）くん、また請求（せいきゅうしょ）書の金額（きんがく）を間違（まちが）えていたよ」
　　　川口（かわぐち）：「彼はどうしたらよくなるんだろう。これまでに何回（　　　）」
1　注意したことか　　　　　　　　2　注意したほどだ
3　注意したわけがない　　　　　　4　注意したものだ

(17) A：「ご案内（あんない）した商品の件、いかがでしょうか」
　　　B：「そうですね。上司に（　　　）、またご連絡（れんらく）いたします」
1　相談（そうだん）したかと思うと　　　2　相談までして
3　相談する限り　　　　　　　　　4　相談した上で

(18) A：「この作業、今日中に（　　　）よね」
　　　B：「うん、無理だね。終わらなかった分は、明日やろう」
1　終わるほうがましだ　　　　　　2　終わらないわけがない
3　終わりっこない　　　　　　　　4　終わるかのようだ

(19) 吉川（よしかわ）：「結局、田村（たむら）さんのチームは優勝できなかったね」
　　　佐藤（さとう）：「うん、（　　　）、難しいこともあるよ」
1　彼らの実力をもってしても　　　2　彼らの実力にかこつけて
3　彼らの実力なくして　　　　　　4　彼らのその実力ときたら

(20) 金子（かねこ）：「木村（きむら）さんは仕事が（　　　）、さっさと帰るんです」
　　　渡辺（わたなべ）：「そうか。じゃ、今度僕（ぼく）から話しておくよ」
1　終わったも同然　　　　　　　　2　終わろうが終わるまいが
3　終わるべくもなく　　　　　　　4　終わる兆（きざ）しがあって

B 次の文の（　　　）に１・２・３・４の中から最も適当な言葉を入れなさい。

(21) （　　　）が回るほど忙しい。
　　　1 首　　　　　　　2 頭　　　　　　　3 手　　　　　　　4 目

(22) あの仕事は（　　　）収入を得られるとあって、人気がある。
　　　1 長　　　　　　　2 名　　　　　　　3 高　　　　　　　4 重

(23) 鼻が（　　　）息が苦しい。
　　　1 かんで　　　　　2 つまって　　　　3 吐いて　　　　　4 ひいて

(24) 昨日、中村さんは会議室の前を（　　　）していた。
　　　1 すっきり　　　　2 うろうろ　　　　3 いらいら　　　　4 さっぱり

(25) 小さい子供の（　　　）だから、許してあげてください。
　　　1 いたずら　　　　2 雰囲気　　　　　3 めまい　　　　　4 礼儀

(26) 彼は失敗した部下を大声で（　　　）。
　　　1 ののしった　　　2 ねたんだ　　　　3 よこした　　　　4 したった

(27) この商品は国内（　　　）を伸ばすことが課題だ。
　　　1 マンネリ　　　　2 リベラル　　　　3 シェア　　　　　4 カスタマイズ

(28) コンサート当日の（　　　）スケジュールを説明する。
　　　1 疎かな　　　　　2 健やかな　　　　3 清らかな　　　　4 大まかな

(29) 友達でもないのに（　　　）態度で話す人が嫌いだ。
　　　1 そっけない　　　2 たくましい　　　3 なれなれしい　　4 悩ましい

(30) 医師は感染症の患者を（　　　）した。
　　　1 隔離　　　　　　2 離別　　　　　　3 隔壁　　　　　　4 離散

C　次の文の＿＿＿＿の意味に最も近いものを１・２・３・４の中から選びなさい。

(31)　ミスしないでください。
　　　　１　寝坊しないで　　２　間違えないで　　３　遅れないで　　４　忘れないで

(32)　どうやって発電するんですか。
　　　　１　電源を入れる　　　　　　　　　　２　電気を作る
　　　　３　電気を送る　　　　　　　　　　　４　電気を売る

(33)　彼はとても気の毒な人だ。
　　　　１　勇ましい　　　　２　穏やかな　　　３　かわいそうな　　４　恐ろしい

(34)　入院を契機に、健康に気をつけるようになった。
　　　　１　をきっかけに　　　　　　　　　　２　はどうあれ
　　　　３　はさておき　　　　　　　　　　　４　のおそれがあり

(35)　うちの末っ子は今、５歳だ。
　　　　１　孫　　　　　　　２　甥　　　　　　３　姪　　　　　　　４　一番下の子

(36)　彼女は手紙を読むやいなや破ってごみ箱に捨てた。
　　　　１　まだ読んでいないのに　　　　　　２　読むのが怖くて
　　　　３　読むとすぐに　　　　　　　　　　４　読んでからしばらくして

(37)　石橋さんはいつも部長からの呼び出しにおびえている。
　　　　１　に喜んでいる　　　　　　　　　　２　を怖がっている
　　　　３　に驚いている　　　　　　　　　　４　を待っている

(38)　辛うじて仕事が見つかった。
　　　　１　どうにか　　　　２　運良く　　　　３　あっさり　　　　４　すんなり

(39)　彼の歌は聞くにたえない。
　　　　１　すごくうまい　　　　　　　　　　２　聞いたことがない
　　　　３　とても下手だ　　　　　　　　　　４　ずっと人気がある

(40)　松下様には懇意にしていただいております。
　　　　１　親切にして　　　２　尊敬して　　　３　支援して　　　　４　親しくして

2 読解問題

問題 1

次のメールを読んで問題に答えなさい。
答えは1・2・3・4の中から最も適当なものを1つ選びなさい。

2021/04/02 11:20

件名：新入社員の研修について

新入社員各位

お疲れさまです。
総務部 西山です。

新入社員の全体研修を以下の日程で行います。
2グループに分けて行いますので、ご自分の社員番号を社員カードで確認し、
出席してください。
また、当日欠席した社員向けに、4月9日（金）に個別の研修時間をつくります。
その際は、西山から欠席者にくわしい時間などをお知らせします。

　　第1回：4月5日（月）… 社員番号 21001～21050 の社員
　　第2回：4月6日（火）… 社員番号 21051～21100 の社員

　　場　所：2階 大ホール
　　時　間：9時半～16時
　　持ち物：ペン、研修資料

昨日の入社式でお配りした研修資料をよく読んでから、研修にご参加ください。
何かわからないことがありましたら、総務部 西山までご連絡ください。

（41）　このメールをもらった社員は、何をしなければなりませんか。
　　　　1　西山さんに社員番号を教えてもらう。
　　　　2　研修資料を総務部へ取りに行く。
　　　　3　研修資料をしっかり読む。
　　　　4　西山さんに出席する日を連絡する。

（42）　全体研修を欠席した社員は、何をしなければなりませんか。
　　　　1　西山さんに研修の時間を知らせる。
　　　　2　西山さんに研修資料を返す。
　　　　3　4月9日に研修を受ける。
　　　　4　出席した人に研修の内容を教えてもらう。

問題　2

次のメールを読んで問題に答えなさい。
答えは１・２・３・４の中から最も適当なものを１つ選びなさい。

2021/02/27　09:01

件名：「おともだち」紹介キャンペーン　📎

お客様各位

いつもネイルサロン・ラ・キララをご利用いただきありがとうございます。
当店では来月より「おともだち」紹介キャンペーンを行います。
この機会をぜひご利用いただきたくご案内申し上げます。

◆キャンペーン期間
　2021年３月１日から６月末日まで
◆適用条件
　ご紹介いただいた方が来店した場合
　何名でもご紹介可能
◆ご利用方法
　１．このメールに添付している「紹介カード」にご自身のお名前をご記入いた
　　　だき、「おともだち」にお渡しください。
　２．「おともだち」は初来店の際、受付で「紹介カード」をご提出いただきま
　　　すと、会計時に1000円割り引きいたします。
　３．ご紹介者様には「おともだち」のご来店ごとにメールで1000円のクーポン
　　　券（使用期限７月末日）をお送りいたします。

※他キャンペーンとの併用はできませんのでご注意ください。

================================
ネイルサロン・ラ・キララ
Tel：000-XXX-XXX
Email：kirara@XXX.jp
================================

（43） キャンペーンに適用されるために、紹介された人がしなければならないのは、どれ
ですか。

1　初来店時に「紹介カード」を出す。
2　期間中に２回以上来店する。
3　紹介してくれた友達と一緒に来店する。
4　他のキャンペーンにも応募する。

（44） このメールを受け取った桜井さんは、４人に「紹介カード」を渡し、そのうち
２人が期間中に店を利用しました。桜井さんがもらうクーポン券の合計は、いく
らですか。

1　1,000円
2　2,000円
3　3,000円
4　4,000円

問題　3

次の文書を読んで問題に答えなさい。
答えは１・２・３・４の中から最も適当なものを１つ選びなさい。

2021 年 1 月 10 日

社員の皆様

代表取締役社長
松浦　俊一

　本年２月５日に当社は設立 30 周年を迎えます。
　これまでの社業の発展は、社員一人一人の努力とそれを支えてくださったご家族様のおかげであると心より感謝申し上げます。
　つきましては、皆様とご一緒に記念日をお祝いしたく、下記の日程でパーティーを行いますので、社員の皆様、ご家族様のご参加をお待ちしております。

記

　　日時：２月５日（木）　18 時〜20 時（17 時 30 分開場）
　　場所：新東京ホテル　飛翔の間

　ご家族と参加される場合は 1 月 20 日までに総務部・三木（miki@bccs.XXX）まで参加人数をお知らせください。
　なお、社員は原則全員出席となっておりますが、やむを得ず欠席される場合は 1 月 28 日までに総務部・高橋（takahashi@bccs.XXX）までご連絡ください。

以上

(45) どんなパーティーが行われますか。
    1 社員の家族に感謝を伝える、年に1度のパーティー
    2 社長の30歳の誕生日を祝うパーティー
    3 会社設立30年目を祝うパーティー
    4 社員同士の交流を深めるパーティー

(46) 家族と参加したい社員は何をしなければなりませんか。
    1 1月20日までに三木さんに何人参加するか知らせる。
    2 1月20日までに三木さんに家族が参加してもいいかどうか聞く。
    3 1月28日までに高橋さんに出席する家族の名前を知らせる。
    4 当日、会場の受付で出席する家族の名前を記入する。

問題　4

次の文書を読んで問題に答えなさい。
答えは１・２・３・４の中から最も適当なものを１つ選びなさい。

2021年2月26日

お客様各位

株式会社オフィスＧＢ
営業部　内田　和男

４月からの事業拡大のご案内

拝啓　時下ますますご清祥のこととお慶び申し上げます。平素は格別のお引き立てを賜り、心より御礼申し上げます。

　さて、当社では、お客様のさらなる利便性を追求し、この春より製品のラインナップやサービスを一新することとなりました。

　これまで当社はコピー用紙、文房具などを中心に扱ってまいりましたが、この度ご要望にお応えし、ロッカーや棚、デスク等、オフィス家具の取り扱いを始めることといたしました。また、新規サービスとして、ご注文からお届けまで最短１日の「すぐ着く！サービス」（有料）の運用も開始いたします。

　つきましては、最新の製品カタログを同封いたしますので、ぜひご一読いただければと存じます。

　なお、こちらの製品カタログは４月１日からご注文が可能となっております。３月末までは、お手数ですが現在お持ちのカタログからのご利用をお願いいたします。

　今後とも変わらぬご愛顧を賜りますよう、よろしくお願い申し上げます。

敬具

（47）　「オフィスＧＢ」は４月からどう変わりますか。
1　取り扱う商品の幅が広がる。
2　販売する大型商品の種類が減る。
3　小さめのオフィス用品の販売が停止される。
4　これまで無料だった翌日配達サービスが有料になる。

（48）　文書の内容と合っているのはどれですか。
1　３月に商品を購入したい場合、カタログは一切利用できない。
2　４月以降、新しいカタログから商品を購入できる。
3　４月以降、カタログは有料となる。
4　新しいカタログは４月に送付される。

問題　5

次の文章を読んで問題に答えなさい。
答えは1・2・3・4の中から最も適当なものを1つ選びなさい。

　森の旅をつづけていると、ときどき美しい森に出会うことがある。山奥に隠されていた眠るようにひろがる天然林の谷が、ふいにあらわれてきて私を驚かす。人工的につくられた植林地の森のなかにも、思わず足を止めてみとれてしまうような美しい森がある。

　そんなとき私は考えこんだ。美しい森の基準とは何なのだろうか。私は何を基準にして、この森は美しいと感じているのだろうか。

　考えてみれば、おかしなことなのである。山の木のなかに美しい木と美しくない木などあるはずはない。ところがそれがひろがりとなって森になると、確かに美しい森とそうではない森が生まれてくるのである。

（内山節『森にかよう道』農山漁村文化協会より一部改）

---

(49)　下線部「おかしなこと」とありますが、何がおかしなことだと言っていますか。
　　　1　現われた谷に驚かされること
　　　2　人工的な森と自然の森を比較すること
　　　3　ある森と別の森に差があること
　　　4　森の美しさの基準を考えること

問題　6

次の文章を読んで問題に答えなさい。
答えは１・２・３・４の中から最も適当なものを１つ選びなさい。

　　今の時代をよりよく生きるために、これからどんなことが起きそうか、常に「先を読んだ読書」が必要です。「先を読んだ読書」とは、過去から学び、今後の展開を予測できる力を身につけるために、さまざまな本を選んで読んでいくことです。その努力は、やがて必ず実を結びます。

　　何か本格的に知りたいテーマが出てきたら、まずは書店や図書館に行って、基本になる数冊を読むことから始めましょう。そこから次第にそれ以外の本に手を広げていくという方法をとるのが、読書による効率的な情報収集法です。

（池上彰『情報を活かす力』PHP研究所より一部改）

(50)　　筆者は「先を読んだ読書」によって何ができるようになると言っていますか。
　　1　知りたいテーマの基本になる本を見つけ出すこと
　　2　少ない手間で様々なテーマの情報を集めること
　　3　過去の出来事から未来がどうなるか推測すること
　　4　現在の問題を解決し、将来のために努力すること

問題　7

次の文章を読んで問題に答えなさい。
答えは１・２・３・４の中から最も適当なものを１つ選びなさい。

　　人手不足の中、コンビニは深夜勤務の従業員を確保するのが難しい。このため、営業時間の短縮を求める加盟店が増えている。（＊）公取が大手８社を対象に行った調査では、約７割が希望していた。

　　しかし、見直しの動きは鈍い。この１年半で時短に踏み切った店舗は約４％に過ぎない。本部は24時間営業を続けたいのが本音だ。

　　背景には、加盟店との契約方式がある。店舗の売上高が伸びるほど本部の収益も増える仕組みだ。本部は営業時間を長くして、売上高を増やそうとする。

　　これに対し、多くの加盟店にとって深夜営業はデメリットも大きい。深夜帯は人件費などのコストがかさむ割に売上高が少なく、店舗の利益を押し下げがちだ。

（＊）公取…公正取引委員会

（「毎日新聞」2020年９月９日付より一部改）

(51) 下線部「見直しの動きは鈍い」とありますが、なぜですか。
　　1　加盟店にとって深夜営業はデメリットが多いから
　　2　深夜勤務の従業員を確保するのが難しいから
　　3　多くの加盟店が深夜営業を続ける意向を示しているから
　　4　収益のため、本部が24時間営業を続けようとしているから

―――― このページには問題はありません。――――

問題　8

次のページの案内を読んで問題に答えなさい。

答えは１・２・３・４の中から最も適当なものを１つ選びなさい。

---

(52)　バス旅行当日、持って行かなければならないものは何ですか。

　　　1　参加券

　　　2　旅行代金

　　　3　弁当
　　　　　べんとう

　　　4　領　収　書
　　　　　りょうしゅう

(53)　村山市国際交流会の会員のエンさんは、夫と中学生の息子一人とバス旅行に申し込み
　　　むらやま
　　　ます。夫は会員ですが、息子は会員ではありません。旅行代金は全部でいくらです
　　　か。

　　　1　9,500円

　　　2　10,000円

　　　3　10,500円

　　　4　11,000円

2021 年 3 月 1 日

春のバス旅行のお知らせ

村山市国際交流会

今年の村山市国際交流会の春の日帰りバス旅行は、館海町の花祭りに行きます。
その後、海栄博物館を見学します。多くの皆様に参加していただけるように、
低価格で日帰りバス旅行を実施することになりました。

実施日　：2021 年 3 月 28 日【雨天決行】
集合場所：北小学校前
集合時間：午前 8 時（時間厳守でお願いします）
出発時間：午前 8 時 15 分
帰着時間：午後 3 時予定

お一人様ご旅行代金（昼食代を含む）	
大人（高・大学生含む）	¥3,500
小人（小・中学生含む）	¥2,500
小学生未満	¥1,000

※ 参加希望者（代表者）は 3 月 11 日までに村山市国際交流会で申し込みをし、
　参加費をお支払いください。領収書と参加券をお渡しします。参加券は当日
　忘れずにお持ちください。

※ 国際交流会会員以外の方も追加料金をお支払いいただければ参加できます。
　追加料金 … 大人　1,000 円／小人・小学生未満 500 円

※ 未成年者のみの参加はご遠慮願います。

問題　9

次の文章を読んで問題に答えなさい。
答えは１・２・３・４の中から最も適当なものを１つ選びなさい。

「もう辞めさせない」重い腰上げた大企業

　AIやビッグデータ分析など最先端のスキルと経験を持つ人材をどう確保するか。世界中で獲得競争が起きているこうした人材を手当てするため、(ア)新たな取り組みを始めているのがダイキン工業だ。

　エアコンメーカーとして成長してきた経緯から電気や機械などの技術者を多数抱える一方、今後の競争力に直結するIT系の人材は限られる。

　そこでまず教育制度を充実させた。18年度に開校した社員向けのダイキン情報技術大学では、技術系の新入社員のうち、100人には２年間は仕事を与えない。その代わりにひたすらAIやIoTなどの最先端技術を教育する。大阪大学の副学長が社内大学の学長に、教授や助教が講師となり、最先端の理論やケースを教えていく。

　東京大学と取り組んでいる(イ)グローバルインターンシップも異例の制度だろう。18年末から10年で100億円の資金を投じて産学協創協定を締結。その枠組みで、(＊)東大の学生50人を対象に、ダイキンのグローバル拠点を回り、新たなビジネスモデルを考えてもらうインターンシップを始めている。

　期間は２〜３週間で、初年度となる19年には50人の定員に対し250人弱もの応募があったという。もちろん、インターンである以上、参加した学生がダイキンに入社するとは限らない。ダイキンを理解しファンになってもらうことで将来連携するチャンスが広がると考えた。

（＊）東大…東京大学

（「日経ビジネス」2020年2月10日号　日経BPより一部改）

（54）　下線部（ア）「新たな取り組み」とありますが、何をしましたか。
　　　1　IT系人材を育成する社内教育制度の充実化
　　　2　IT系人材をグローバルに確保していくための採用活動
　　　3　最先端技術を製品に取り入れる試み
　　　4　製品のアピール方法の変更

（55）　下線部（イ）「グローバルインターンシップ」について、文章の内容と合っているの
　　　はどれですか。
　　　1　東京大学の学生以外も参加可能である。
　　　2　直接的な社員の採用に直結するものではない。
　　　3　ダイキンに入社が決まっている学生が参加する。
　　　4　初年度はあまり注目されなかったが、次年度から人気を集め始めた。

問題　10

次の文章を読んで問題に答えなさい。
答えは１・２・３・４の中から最も適当なものを１つ選びなさい。

サバティカル３

　サバティカルとは、一定期間勤務した後に与えられる長期休暇のこと。「サバティカル３」は、３年ごとに１ヶ月間の休暇が取れる制度です。まだ導入したばかりの制度ですが、ご紹介しておきます。

　１ヶ月ぐらい長い休みがないとできないことも多くあります。人生は一度切りなのに、やりたいことができないまま仕事だけして年月が過ぎていくのでは残念です。

　あるとき、「子どもの受験がこのままだと危なそうだから、家庭教師するため１ヶ月間、有休を取りたい」と言ってきた社員がいました。

　このように有給休暇で長期間休むことも可能ではありますが、よほど強い思いがないと言い出しにくいものでしょう。でも人生においてはこの社員の例のような時期もありますし、やりたいことをやるために長期間休むことを、もっとみんながやっていい。そこで制度化し、３年勤めたら１ヶ月連続の休暇が取れるようにしました。厳密に言えば、最低２週間、最長４週間の範囲で休みを取ることを義務付ける制度です。まとまった休暇をとってもらうことが制度の趣旨ですので、１週間の休みを４回など、複数回に分けて取得することはできません。

（…中略…）

　この制度は、リフレッシュして生産性を高めるとともに、社員の幸福度を高めることがねらいです。１ヶ月の休みをどう使うかは人それぞれ。語学留学するという社員もいました。

（新居佳英・松林博文『組織の未来はエンゲージメントで決まる』
英治出版より一部改）

(56)　「サバティカル３」という制度を利用してできることはどれですか。
　　　1　入社後３年間勤めた後、２週間の休みを２回取る。
　　　2　入社後３年間勤めた後、３週間の休みを取る。
　　　3　入社後３年以内に、１週間の休みを４回取る。
　　　4　入社後３年以内に、４週間の休みを取る。

(57)　「サバティカル３」という制度の目的は何ですか。
　　　1　社員の生産性を上げつつ、人生を幸せに感じられるようにすること
　　　2　社員のスキルアップのため海外で語学学習をすること
　　　3　社員が長期の旅に出て、人生経験を積むこと
　　　4　社員が家族のためにより多くの時間を使うこと

問題　１１

次の文章を読んで問題に答えなさい。
答えは１・２・３・４の中から最も適当なものを１つ選びなさい。

「協調性がある」と「他人の言いなりになる」は違う

　意見の食い違いがあったとき、「それぞれが自分の意見にしたがって別行動する」ことで解決するケースもなくはないでしょう。それこそ食べたいものが違うなら、一緒に食事をするのを諦めて別の店に行くことも可能です。

　でも、子どもの進路や経営方針、社会のルールなどは一つしか選択できません。それを決めるには、どちらかが相手を説得して意見をまとめなければならないわけです。

　また、「意見の対立」とまでは言えないものの、自分の言うことを相手に受け入れてほしいと思うことはよくあります。

　たとえば営業マンなら、自分の会社の商品を顧客に買ってほしいでしょう。自分の考えた企画を実現するために、上司にその価値や意味を理解してほしいこともあります。結婚したい異性を口説くのも、一種の「説得」かもしれません。

　そう考えると、「説得する技術」は、人間が社会生活を営むうえで欠かせないものだと言えます。

　誰しも一人では生きていけない以上、他人を説得すべき場面は必ずあります。常に「まあいいや」と自分の意見を引っ込めてしまう生き方もあるでしょうが、そういう人生が幸福だとは思えません。「協調性がある」と「他人の言いなりになる」は似て非なるものです。決して「わがまま」を（＿＿Ａ＿＿）わけではありませんが、一人の個人として主体的に生きていくには、他人に合わせるばかりではダメ。自分の意見や思いを実現するには、上手に他人を説得する必要があるのです。

（伊藤真『説得力ある伝え方　口下手がハンデでなくなる 68 の知恵』幻冬舎より一部改）

---

(58) 下線部「そういう人生」とはどんな人生ですか。

    1 他人と意見が合わない時は、その人を説得して自分のしたいことをする人生

    2 何かを一つ選ばなければいけない時は、決断を人に任せる人生

    3 自分の意見に自信がある時は、自分の思った通りに行動する人生

    4 誰かと意見が対立しそうな時は、自分の考えは主張せず相手に譲る人生

(59) （ A ）に入る言葉は、どれですか。

    1 我慢する

    2 叶える

    3 肯定する

    4 否定する

(60) 文章の内容と合っているのはどれですか。

    1 意見が対立したら、それぞれが自分の考えに基づいて別行動すべきだ。

    2 協調性を重んじ、自分の意見を言わないほうがより幸せになれる。

    3 「説得する技術」は特殊な仕事をしている人にだけ必要な技術だ。

    4 自分の考えを実現させるために、説得は人生の様々な場面で必要だ。

3 漢字問題

A 次のひらがなの漢字をそれぞれ１・２・３・４の中から１つ選びなさい。

(61) 新幹線の出発時間を<u>しらべて</u>ほしい。
　　　1 届べて　　　　2 覚べて　　　　3 伝べて　　　　4 調べて

(62) どこのホテルに<u>とまり</u>ますか。
　　　1 定まり　　　　2 泊まり　　　　3 富まり　　　　4 捕まり

(63) お<u>ゆ</u>を入れる。
　　　1 塩　　　　　　2 油　　　　　　3 液　　　　　　4 湯

(64) このプールは<u>あさい</u>。
　　　1 厚い　　　　　2 狭い　　　　　3 浅い　　　　　4 深い

(65) 石炭を<u>ゆしゅつ</u>する。
　　　1 輸出　　　　　2 産出　　　　　3 放出　　　　　4 演出

(66) 彼は本当に<u>たより</u>になる存在だ。
　　　1 測り　　　　　2 頼り　　　　　3 便り　　　　　4 盛り

(67) 駅で<u>ぐうぜん</u>彼に会った。
　　　1 判然　　　　　2 必然　　　　　3 突然　　　　　4 偶然

(68) 医師は患者に<u>てきせつ</u>に対応した。
　　　1 適切　　　　　2 帝説　　　　　3 的節　　　　　4 適説

(69) 原田さんは歴史に<u>くわしい</u>。
　　　1 詳しい　　　　2 悔しい　　　　3 乏しい　　　　4 粉しい

(70) <u>あいさつ</u>はきちんとしましょう。
　　　1 勘定　　　　　2 挨拶　　　　　3 決裁　　　　　4 相撲

(71) 課長はいつも<u>かたよった</u>考え方をする。
    1 偏った   2 酔った   3 契った   4 織った

(72) 彼女は<u>かれいな</u>ダンスを披露した。
    1 邪魔   2 慎重   3 華麗   4 丁寧

(73) 紛争地帯の人々は<u>きが</u>状態にある。
    1 奴隷   2 興奮   3 飢餓   4 錯乱

(74) 新製品の耐久性テストでは<u>かんばしい</u>結果が得られなかった。
    1 芳しい   2 快しい   3 甚しい   4 惜しい

(75) <u>ひれつな</u>行為は許されない。
    1 下衆   2 下劣   3 卑猥   4 卑劣

B　次の漢字の読み方を例のように ひらがなで書いてください。

・ひらがなは、<u>正しく、ていねいに</u>書いてください。
・<u>漢字の読み方だけ</u>書いてください。

（例）　はやく<u>書</u>いてください。　［　］

（例）	か

(76)　<u>鳴</u>き<u>声</u>が聞こえる。

(77)　<u>食器</u>を<u>片</u>づける。

(78)　そんなに<u>笑</u>わないでください。

(79)　昨日聞いたスピーチの<u>要点</u>をまとめる。

(80)　<u>道順</u>を教えてください。

(81)　午後1時に<u>伺</u>います。

(82)　<u>駐車</u>料金は<u>無料</u>です。

(83)　<u>村上</u>さんは部長から<u>再三</u>注意を受けている。

(84)　<u>粘</u>り強く<u>交渉</u>する。

(85)　あの<u>先輩</u>はとても<u>厳</u>しい。

(86)　彼は税金を<u>滞納</u>している。

(87)　<u>湾岸</u>エリアの開発が進んでいる。

(88)　最も<u>肝心</u>なことを言い忘れた。

(89)　店員に<u>威張</u>り散らすのを見て、彼に失望した。

(90)　生活の<u>糧</u>を得るためなら<u>嫌</u>な仕事もする。

4 記述問題

A 例のように＿＿＿＿に適当な言葉を入れて文を作ってください。

＿
＿
- 文字は、**正しく、ていねいに**書いてください。
- 漢字で書くときは、**今の日本の漢字を正しく、ていねいに**書いてください。

（例）　きのう、＿＿＿＿＿でパンを＿＿＿＿＿。
　　　　　　　　　　（A）　　　　　　　　　（B）

（例）	（A）	スーパー	（B）	買いました

(91)　（Bさんの顔を見て）
　　A：＿＿＿＿＿そうですね。昨日、あまり＿＿＿＿＿いないんですか。
　　　　　　（A）　　　　　　　　　　　　　　　　　　（B）
　　B：ええ。朝までゲームをしていたんです。

(92)　（タクシーで）
　　客　　：空港まで何分ぐらいですか。
　　運転手：道が混んでさえ＿＿＿＿＿ば、10分ぐらいで＿＿＿＿＿はずですよ。
　　　　　　　　　　　　　　　　（A）　　　　　　　　　　　　　　（B）

(93)　（天気予報で）
　　今夜は、台風が＿＿＿＿＿につれて、ますます＿＿＿＿＿が強くなりますので
　　　　　　　　　　（A）　　　　　　　　　　　　（B）
　　お気をつけください。

(94)　彼はわからないことがあったら、自分の頭で＿＿＿＿＿もしないで、
　　　　　　　　　　　　　　　　　　　　　　　　（A）
　　すぐに人に＿＿＿＿＿ばかりいる。
　　　　　　　（B）

(95)　国際コンクールで入賞したと聞いた時、彼女は＿＿＿＿＿のあまり、
　　　　　　　　　　　　　　　　　　　　　　　　　　（A）
　　＿＿＿＿＿出してしまった。
　　　（B）

B　例のように３つの言葉を全部使って、会話や文章に合う文を作ってください。

・【　　　】の中の文だけ書いてください。
・１.→２.→３.の順に言葉を使ってください。
・言葉の___の部分は、形を変えてもいいです。
・文字は、正しく、ていねいに書いてください。
・漢字で書くときは、今の日本の漢字を正しく、ていねいに書いてください。

（例）
きのう、【　１.　どこ　　→　２.　パン　　→　３.　買う　】か。

| （例） | どこでパンを買いました |

(96)

健康のために、【　１.　たばこ　→　２.　吸う　→　３.　すぎる　】ように
してください。

(97)

A：明日の卒業式ですが、出席者に注意しておくことはありますか。
B：【　１.　式　→　２.　最中　→　３.　席　】立たないように言っておいてください。

(98)

山本さんは【　１.　部長　→　２.　事情　→　３.　説明する　】としたが、
聞いてもらえなかったそうだ。

(99)

【　１.　家族　→　２.　協力　→　３.　抜き　】にしては、彼の成功は
なかっただろう。

(100)

信号が赤から【　１.　青　→　２.　変わる　→　３.　変わる　】かのうちに、
歩行者は横断歩道を渡り始めた。

J.TEST

実用日本語検定

聴 解 試 験

1	写真問題	問題	1〜10
2	聴読解問題	問題	11〜20
3	応答問題	問題	21〜40
4	会話・説明問題	問題	41〜55

1 写真問題 （問題1～10）

例題

例題1
例題2

例題1→	れい1	● ② ③ ④	（答えは解答用紙にマークしてください）
例題2→	れい2	① ② ● ④	（答えは解答用紙にマークしてください）

A   問題1
     問題2

B　問題3
　　　問題4

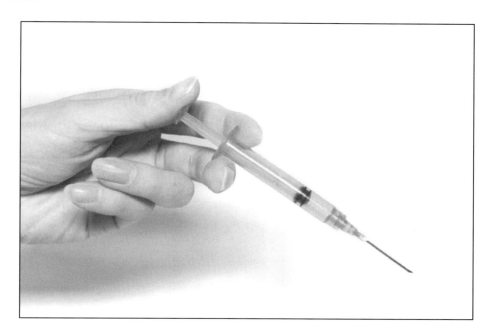

C　問題5
　　　問題6

D 問題7
　　問題8

E 問題9

F　　問題10

2 聴読解問題 （問題11〜20）

例題

例題1
例題2

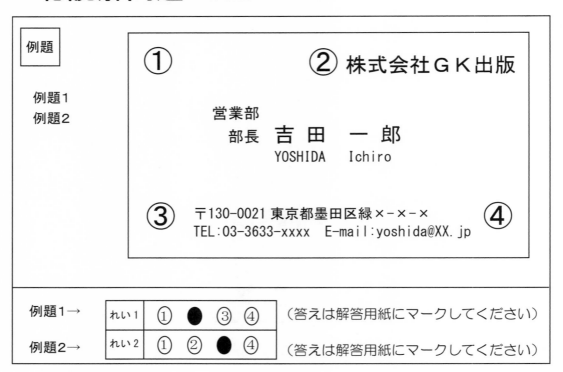

① ② 株式会社ＧＫ出版

営業部
部長 吉田 一郎
YOSHIDA　Ichiro

③ 〒130-0021 東京都墨田区緑×-×-× ④
TEL：03-3633-xxxx　E-mail：yoshida@XX.jp

| 例題1→ | れい1 | ① | ● | ③ | ④ | （答えは解答用紙にマークしてください） |
| 例題2→ | れい2 | ① | ② | ● | ④ | （答えは解答用紙にマークしてください） |

G　問題11
　　問題12

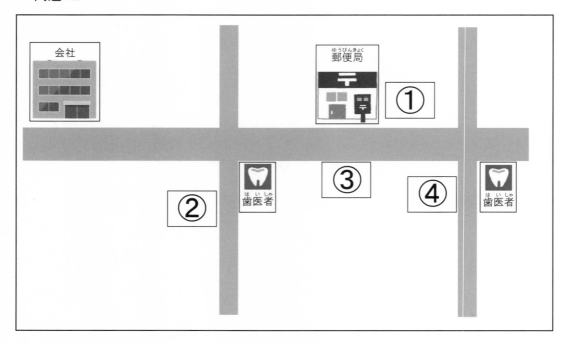

H　問題13
　　問題14

I　問題15
　　問題16

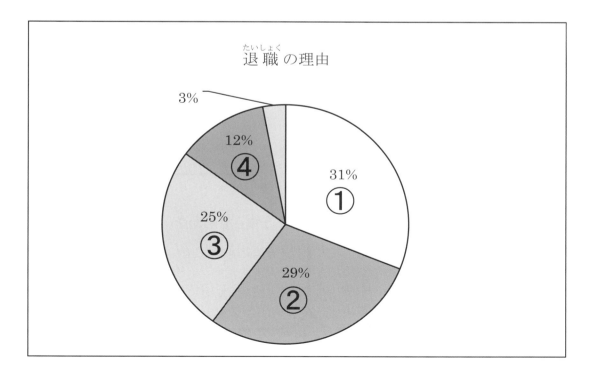

J

問題17

① 2つ
② 3つ
③ 4つ
④ 5つ

問題18

① 子育て中の親
② 運転手
③ お年寄り
④ 学生

K

問題19
問題20

４つのP

① 何を売るか？

種類、品質、デザイン、特徴、ブランド、パッケージ、サービス、保証、返品など

② いくらで売るか？

希望価格、値引き、割り引き、優待条件、送料、支払い方法、支払い期間、取引条件など

③ どこで売るか？

流通チャネル、販路、物流、通販、立地、在庫、配送など

④ どう知らせるか？

販売促進、広告宣伝、広報、セールスプロモーション、営業、販売管理など

3 応答問題 （問題21〜40）

（問題だけ聞いて答えてください。）

| 例題1 | → | れい1 | ● | ② | ③ | （答えは解答用紙にマークしてください） |
| 例題2 | → | れい2 | ① | ● | ③ | （答えは解答用紙にマークしてください） |

問題21

問題22

問題23

問題24

問題25

問題26

問題27

問題28

問題29

問題30

問題31

問題32

問題33

問題34

問題35

問題36

問題37

問題38

問題39

問題40

メモ（MEMO）

4 会話・説明問題 (問題41〜55)

1

問題41　1　ごみ袋の大きさ
　　　　2　ごみ袋の色
　　　　3　ごみ袋の数

問題42　1　ごみ袋の交換をお願いする。
　　　　2　ごみ袋を買う。
　　　　3　大きいごみを捨てる。

2

問題43　1　気が短い。
　　　　2　頼もしい。
　　　　3　だらしない。

問題44　1　女性に告白された。
　　　　2　女性に振られた。
　　　　3　女性にプロポーズした。

3

問題45　1　働きやすい制度が整っている。
　　　　2　特にいい点があるわけではない。
　　　　3　優秀な人材がいる。

問題46　1　市民による投票で決まる。
　　　　2　統計データで決まる。
　　　　3　市役所との関係で決まる。

問題47　1　他社商品より安い。
　　　　2　他社商品よりよく効く。
　　　　3　他社商品より匂わない。

問題48　1　従来の自社商品の湿布薬を改良した。
　　　　2　セルフメディケーションに批判的である。
　　　　3　医薬品市場の成長を予測している。

5

問題49　1　別の人材を確保するため
　　　　2　業務を縮小するため
　　　　3　経験が不足していたため

問題50　1　中高年のリストラ
　　　　2　即戦力となる人材の採用
　　　　3　スキルの向上やネットワークを拡大する努力

6

問題51　1　メディア向けの資料を作る。
　　　　2　お土産を準備する。
　　　　3　佐藤さんにリスト作成を依頼する。

問題52　1　メディア向けの資料をチェックする。
　　　　2　チェックした発表用のスライドを女性に送る。
　　　　3　リスト化されたメディアの詳細を見る。

7

問題53　1　自立するまで
　　　　2　中学生まで
　　　　3　小学生まで

問題54　1　情緒的な要求
　　　　2　物質的な要求
　　　　3　金銭的な要求

問題55　1　子供の心の成長には、親への依存が大切だ。
　　　　2　親に甘えさせないことが子供の自立につながる。
　　　　3　親は子供への「甘えさせ」と「甘やかし」の線引きが必要だ。

終わり

実用日本語検定

TEST OF PRACTICAL JAPANESE

J.TEST

受験番号		氏　名	

注　意

1　試験が始まるまで、この問題用紙を開けないでください。

2　この問題用紙は、全部で４１ページあります。

日本語検定協会／Ｊ.ＴＥＳＴ事務局

J.TEST

実用日本語検定

読 解 試 験

1 文法・語彙問題 問題   (1)～(40)

2 読解問題   問題 (41)～(60)

3 漢字問題   問題 (61)～(90)

4 記述問題   問題 (91)～(100)

1 文法・語彙問題

A 次の文の（　　　）に1・2・3・4の中から最も適当な言葉を入れなさい。

（1）　台風の（　　　）、電車が止まってしまった。
　　　1　わりに　　　　　2　ついでに　　　　3　せいで　　　　4　はんめん

（2）　一度ミスをした（　　　）、社内での評価が下がってしまった。
　　　1　末に　　　　　　2　ばかりに　　　　3　にしては　　　4　どころか

（3）　家族とよく相談した上（　　　）進学先を決めた。
　　　1　に　　　　　　　2　の　　　　　　　3　で　　　　　　4　も

（4）　映画が終わるか終わらないかの（　　　）に、席を立った。
　　　1　うち　　　　　　2　わけ　　　　　　3　ところ　　　　4　もの

（5）　二人は奥のテーブルで（　　　）げに話している。
　　　1　楽しくて　　　2　楽しい　　　　　3　楽しく　　　　4　楽し

（6）　昨日の晩、テレビを（　　　）っぱなしで寝てしまった。
　　　1　つけ　　　　　　2　つける　　　　　3　つけて　　　　4　つけた

（7）　（　　　）ぶりからみて、彼が嘘をついているのは明らかだった。
　　　1　話し　　　　　　2　話す　　　　　　3　話して　　　　4　話した

（8）　あの人と結婚する（　　　）、死んだほうがましだ。
　　　1　とともに　　　2　くらいなら　　　3　だけあって　　4　あまり

（9）　この件については説明するまで（　　　）ない。
　　　1　が　　　　　　　2　は　　　　　　　3　に　　　　　　4　も

（10）　藤井さんは自分は天才だと（　　　）はばからない。
　　　1　言わず　　　　2　言う　　　　　　3　言って　　　　4　言った

（11）　今日は体調が悪かった（　　　）もあって、仕事が進まなかった。
　　　1　こと　　　　　　2　もの　　　　　　3　はず　　　　　4　ぐらい

(12) 鈴木さんに話した（　　　）、この件はすぐに周囲に知られてしまうだろう。

    1　が最後　　　　　　2　とあって　　　　3　とはいえ　　　　4　のにもまして

(13) 今日は早く（　　　）かと思いきや、急な仕事が入り残業することになった。

    1　帰れる　　　　　　2　帰れない　　　　3　帰れ　　　　　　4　帰れて

(14) 中山さんのスタイルの良さは一流モデル（　　　）ひけをとらない。

    1　でも　　　　　　　2　にも　　　　　　3　では　　　　　　4　をも

(15) 過去の事例（　　　）計画を立てよう。

    1　とあれば　　　　　2　に照らして　　　3　を機に　　　　　4　にひかえて

(16) 清水：「阿部さんに英語でメール送ってもらおうよ。彼、話せるから」

    西村：「（　　　）、文章も書けるとは限らないよ」

    1　英語を話したとたん　　　　　　2　英語ばかりか

    3　英語を話しようがなく　　　　　4　英語が話せるからと言って

(17) A：「彼女にふられたって？　元気出せよ」

    B：「何言ってるんだよ。あいつにふられたことなんか（　　　）よ」

    1　悲しくてもさしつかえない　　　2　悲しいといっても過言ではない

    3　悲しいことこの上ない　　　　　4　悲しくもなんともない

(18) 部下　：「先ほどのお客様、とても喜んでいらっしゃいましたね」

    上司：「あんなに喜んでもらえるなら、我々も（　　　）ね」

    1　仕事のしがいがある　　　　　　2　仕事に限ったことではない

    3　仕事をするだけましだ　　　　　4　仕事をするのではあるまいか

(19) A：「場所わかる？　一緒に行こうか」

    B：「（　　　）トイレぐらい一人で行けるよ」

    1　子供のことだから　　　　　　　2　子供ときたら

    3　子供じゃあるまいし　　　　　　4　子供ともなると

(20) 石川：「田中さん、もう帰ったの？」

    山崎：「うん。（　　　）、事務所を飛び出して行ったよ」

    1　6時になるが早いか　　　　　　2　6時といえども

    3　6時になりながらも　　　　　　4　6時になってからというもの

B　次の文の（　　　）に１・２・３・４の中から最も適当な言葉を入れなさい。

(21)　高田さんはいつも（　　　）服を着ている。
　　　　1　おしゃれな　　2　かゆい　　　　3　賢い　　　　4　満足な

(22)　息子を喜ばせるため、（　　　）ゲームに負けた。
　　　　1　わざと　　　　2　もしも　　　　3　まもなく　　4　せっかく

(23)　次の仕事は伊東さんに（　　　）つもりです。
　　　　1　引っ張る　　　2　まかせる　　　3　求める　　　4　仕上げる

(24)　（　　　）汚れもすぐに落ちるという洗剤を買った。
　　　　1　めでたい　　　2　貧しい　　　　3　しつこい　　4　幼い

(25)　休みの日は一日中家で（　　　）している。
　　　　1　ふらふら　　　2　すらすら　　　3　ぐんぐん　　4　ごろごろ

(26)　この野菜は（　　　）のバランスがいい。
　　　　1　維持　　　　　2　栄養　　　　　3　気候　　　　4　意識

(27)　この商品は国内（　　　）を伸ばすことが課題だ。
　　　　1　マンネリ　　　2　リベラル　　　3　シェア　　　4　カスタマイズ

(28)　優れた商品が次々に発表され、消費者の（　　　）が肥えてきた。
　　　　1　頭　　　　　　2　目　　　　　　3　脳　　　　　4　骨

(29)　間違って書類を（　　　）しまった。
　　　　1　腐敗して　　　2　破棄して　　　3　反乱して　　4　破壊して

(30)　経営者といっても、ピンから（　　　）までいる。
　　　　1　コツ　　　　　2　コネ　　　　　3　キリ　　　　4　ビリ

C 次の文の_____の意味に最も近いものを1・2・3・4の中から選びなさい。

(31) 新商品が<u>出来上がった</u>。
1 到着した　　　2 気に入った　　3 完成した　　　4 売り切れた

(32) <u>練習したとみえて</u>、西田さんのスピーチは完璧に近かった。
1 練習したとおりで　　　　　　　2 練習したかもしれないが
3 練習したらしく　　　　　　　　4 練習したかどうかわからないが

(33) この計画通り進めば、失敗は<u>ありえない</u>よ。
1 たぶんない　　　　　　　　　　2 あるかもしれない
3 必ずある　　　　　　　　　　　4 絶対にない

(34) 彼女の返答は<u>あいまいだった</u>。
1 はっきりしなかった　　　　　　2 聞こえなかった
3 遅かった　　　　　　　　　　　4 間違っていた

(35) 彼は<u>しきりに</u>指を鳴らした。
1 強く　　　　　2 そっと　　　　3 ときどき　　　4 何度も

(36) この実験は<u>誰一人として</u>成功していない。
1 一人だけ　　　2 一人も　　　　3 一人では　　　4 一人しか

(37) 息子が医学部に合格し、<u>鼻が高い</u>。
1 お金が心配だ　　　　　　　　　2 安心した
3 驚いた　　　　　　　　　　　　4 自慢に思う

(38) 彼は時間に<u>ルーズな</u>人だ。
1 時間をきちんと守らない　　　　2 時間にきびしい
3 時間を大切にする　　　　　　　4 時間を気にする

(39) 私語は<u>つつしんで</u>ください。
1 控えて　　　　2 注意して　　　3 記録して　　　4 報告して

(40) 部下の鈴木さんは<u>屁理屈をこねて</u>自分の非を認めようとしない。
1 理屈っぽい性格で　　　　　　　2 理屈にこだわって
3 理屈が通らないと言って　　　　4 筋の通らない理屈を言って

2　読解問題

問題　1

次のメールを読んで問題に答えなさい。
答えは1・2・3・4の中から最も適当なものを1つ選びなさい。

2021/05/10　11:20

件名：　青島さんお別れ会

皆さま、お疲れさまです。遠藤です。
今月末に辞められる青島さんのお別れ会について、お知らせいたします。
ご存知のとおり、青島さんは8月にご結婚されます。
ご結婚後は大阪にひっこしされ、ご主人のお店を手伝われるとのことです。
つきましては、下記の日程でお別れ会を行いますので、ぜひご参加ください
ますようお願いいたします。

日時　：5月28日　19:00〜21:00
場所　：レストランこもれび
参加費：5,000円（プレゼント代込み）

参加できない方は1週間前までに遠藤までメールでお知らせください。
また、参加費にはプレゼント代（1,000円）もふくまれていますので、
今月中にプレゼント代のみ遠藤にお支払いください。

（41）　お別れ会に参加できない人はどうしますか。
　　　1　5月21日までに遠藤さんに欠席と伝え、5月31日までに1,000円を払う。
　　　2　5月28日までに青島さんにプレゼントを渡す。
　　　3　5月28日までに遠藤さんに欠席と伝え、1,000円を払う。
　　　4　5月31日に遠藤さんに4,000円を払う。

（42）　青島さんは今後どうする予定ですか。
　　　1　大阪で子供を産む。
　　　2　会社を辞めてひっこす。
　　　3　レストランで結婚式をする。
　　　4　遠藤さんと結婚する。

問題　2

次のメールを読んで問題に答えなさい。
答えは１・２・３・４の中から最も適当なものを１つ選びなさい。

ハヤブサ建設株式会社
事業部　佐藤様

平素は格別のお引き立てを賜り、厚くお礼を申し上げます。
株式会社モリヤ商事総務部の山田恵子です。

本日は、貴社建設現場の見学のお願いでご連絡させていただきました。
弊社社員の研修の一環として、是非ともみなと市の高層マンションの建設現場を
見学させていただきたくお願い申し上げます。

- ・希望日　　2021年５月17日（月）〜2021年５月21日（金）のうち１日
- ・希望時間　　9：00〜11：00
- ・人数　　　10名

ご承諾いただけますなら、貴社のご都合のよい日時等、ご提示いただければ幸い
です。ご多忙中恐れ入りますが、ご検討の上、４月15日までにご返信いただけまし
たら幸いでございます。

まずは取り急ぎメールにてお願い申し上げます。

株式会社モリヤ商事　総務部
山田　恵子
〒194-00××　東京都町田市〇〇町15-21
e-mail:moriya@XXXX.co.jp
TEL：042-723-34××　FAX：042-723-34×〇

（43） 山田さんはどうしてこのメールを送りましたか。
　　　1　ハヤブサ建設の社員がモリヤ商事へ見学に来たから
　　　2　現場見学の打ち合わせのため佐藤さんと会いたいから
　　　3　モリヤ商事が社員をマンション建設現場へ見学に行かせたいから
　　　4　5月17日にマンション建設現場へ見学に来てほしいから

（44） 佐藤さんは4月15日までに何をしますか。
　　　1　山田さんに現場見学についての返事をする。
　　　2　いつマンション建設現場へ行くか、担当の部と検討する。
　　　3　モリヤ商事の現場作業員と研修を受ける。
　　　4　山田さんに見学のお礼のメールをする。

問題　3

次の文書を読んで問題に答えなさい。
答えは１・２・３・４の中から最も適当なものを１つ選びなさい。

令和３年５月19日

社員各位

業務部長　山崎健一

お客様への応対に関する注意およびマナー研修会のお知らせ

　残念なことに、最近、来社されたお客様への応対について、様々なところよりご指摘を受けています。社員全員が当社の窓口であると考え、お客様への応対に当たってください。具体的には、以下の点に注意してください。

◇来社されたお客様にはもちろん、社員同士でも元気に挨拶を交わすこと
◇特にお客様には必ず笑顔で挨拶をし、すすんで用件を尋ねること

　また、マナー教育協会の講師を招き、応対マナーについての研修会を行います。下記３日間の日程のうち都合のいい１日を選び、必ず参加してください。参加日の事前連絡は必要ありません。各部署の所属長は部員が全員参加できるよう業務を調整してください。

　　日程　：１．６月１日（火）15:00〜17:00
　　　　　　２．６月３日（木）10:00〜12:00
　　　　　　３．６月７日（月）15:00〜17:00
　　会場　：３階大会議室
　　講師　：マナー教育協会　白鳥あやこ先生
　　持ち物：筆記用具

以上

（45）　文書の内容と合っているのはどれですか。
　　　1　全社員に向けて応対マナー改善のための研修会が行われる。
　　　2　来客応対窓口の担当者が変更される。
　　　3　電話の応対がよくないと客から苦情がきている。
　　　4　社員同士で挨拶をしていないことを客から指摘された。

（46）　この文書を読んだ社員は何をしなければなりませんか。
　　　1　3日間、マナー教育協会に行って研修を受ける。
　　　2　業務部に研修会への参加希望日を連絡する。
　　　3　研修会に参加できる日時に3階の大会議室へ行く。
　　　4　所属する部署の部長に研修会参加希望日を知らせる。

問題　4

次の文書を読んで問題に答えなさい。
答えは１・２・３・４の中から最も適当なものを１つ選びなさい。

令和3年2月21日

各位

株式会社シバタ
広報部　村井康介

松原工場閉鎖のお知らせ

拝啓　時下ますますご清祥のこととお慶び申し上げます。
平素は格別のお引き立てをいただき誠にありがとうございます。

　さてこの度、弊社は一層の効率化を目指し、分散していた工場機能を大山田工場へ集約いたします。つきましては松原工場を閉鎖することとなりましたのでお知らせいたします。松原工場の設備は、老朽化した機材を除き、大山田工場に移転いたします。大山田工場はすでに拡張され、機材の搬入をもってただちに生産を拡大いたします。移転に伴う業務の停止は一時的なものも含め予定されておりません。

　旧市街に位置しておりました松原工場では、搬入等にご不便をおかけすることもございましたが、様々なご配慮をありがとうございました。また、移転期間中にもご迷惑をおかけすることもあろうかと存じますが、なにとぞご協力のほどよろしくお願い申し上げます。
　なお、松原工場跡地は市の要請もあり、産業記念公園として活用されることとなっております。

敬具

(47)　松原工場が閉鎖される理由は何だと言っていますか。
　　　1　市からの要請があったため
　　　2　資材の搬入が難しかったため
　　　3　設備が老朽化していたため
　　　4　工場を1か所にし、効率化を図るため

(48)　文書の内容と合っているのはどれですか。
　　　1　大山田工場にはすでに松原工場の設備が移転されている。
　　　2　移転期間に一時的に業務が停止する。
　　　3　松原工場のあった場所は公園になる。
　　　4　松原工場閉鎖に伴い生産は縮小する。

★　問題　5

次の文章を読んで問題に答えなさい。
答えは１・２・３・４の中から最も適当なものを１つ選びなさい。

　通勤コースに、桜並木が美しい緑地公園がある。川沿いの桜のトンネルを駆け抜けるのは、この時期だけの楽しみ。仕事帰りの夜は昼間のにぎわいがうそのような静けさで、街灯の光に照らされた淡いピンク色は幻想的だ。

　住宅街の路上では、昨年からタヌキを見かけるようになった。（＊）つがいなのか２匹でいることもあり、後ろ姿がほほ笑ましい。こんな小さな発見や季節の移ろいを感じられるのが、自転車通勤の魅力だと思う。

（＊）つがい…夫婦

（下桐実雅子「憂楽帳」「毎日新聞」2013 年 4 月 1 日付より一部改）

---

(49)　文章の内容と合っているのはどれですか。
1　通勤の電車内から美しい桜の咲いている公園が見える。
2　桜が咲く時期だけは、自転車で通勤するのが楽しい。
3　通勤コースの公園は昼夜を問わずにぎわっている。
4　タヌキを見かけたりすることも自転車通勤の魅力の一つである。

問題　6

次の文章を読んで問題に答えなさい。
答えは１・２・３・４の中から最も適当なものを１つ選びなさい。

　　プレゼンスキルを磨くには、プレゼンスキルのセミナーに通ったり、プレゼン本を読んだりするのが非常に有効ですが、さらに私が心がけているのは、「ふだんから、なるべく自分と^(＊1)バックグラウンドの違う人との接点を多くする」ということです。

（…中略…）

　　異業種の人たちと話すときには、バックグラウンドが似ている仲間と話すときよりもていねいに説明しないと、伝わりません。120％くらいの説明力が必要です。社内用語や業界用語を使ってしまうと通じませんから、^(＊2)四苦八苦する中で語彙も増えます。そういう機会を増やすだけでも、プレゼン力はアップします。

（＊1）バックグラウンド…性格や、今いる地位などを作り出した環境や経歴
（＊2）四苦八苦する…とても苦労する

（小室淑恵『ほんとうの豊かさを手に入れる　人生と仕事の段取り術』
PHP研究所より一部改）

---

(50)　　筆者はプレゼンスキルを磨くために何をしていますか。
　　１　セミナーに通ったり本を読んだりして、語彙を増やす。
　　２　異業種の人と交流することで、説明力を鍛える。
　　３　異業種交流会やボランティアなどで、プレゼンの機会を増やす。
　　４　バックグラウンドが似ている仲間と話して、専門知識を深める。

問題　7

次の文章を読んで問題に答えなさい。

答えは１・２・３・４の中から最も適当なものを１つ選びなさい。

機内食の売り上げ、１億円突破　全日空、ネット通販で提供

　全日本空輸が昨年 12 月からインターネット通販で一般家庭向けに販売している国際線用の機内食の売り上げが１億円を突破したことが 24 日、分かった。フードロス（食品廃棄）削減を目的に数量を限定し自社の通販サイトなどで不定期に提供を始めたところ完売が相次ぐ人気ぶり。来月３日からは国際線の運航状況を見ながら、週１回を目安に販売を継続する。

　機内食はハンバーグや唐揚げなど国際線エコノミークラスで提供している主菜で、自社サイトとネット通販の楽天市場で販売。発売から１時間以内に売り切れたこともある。現在は航空機への積み込み用に加え、ネット通販用も見越して用意している。

（「共同通信」2021 年 2 月 24 日配信より一部改）

---

(51)　文章の内容と合っているのはどれですか。

1　搭乗前にインターネットで機内食のメニューを予約できるようになった。

2　機内食の売り上げが発売から１時間で１億円を突破したことがある。

3　インターネットで販売する分も含め機内食を多めに作るようになった。

4　機内食の売り上げ金をフードロス削減の活動にあてている。

—— このページには問題はありません。——

問題　8

次のページの案内を読んで問題に答えなさい。

答えは１・２・３・４の中から最も適当なものを１つ選びなさい。

---

(52)　キャンペーンの特典が利用できるのはどの人ですか。

1　　2年前に退会したが、今年の６月に再入会する人

2　　半年前に退会したが、今年の６月に再入会する人

3　　現在はレギュラー会員で、初めてプレミアム会員になる人

4　　今まで入会したことがなく、今年の７月に入会する人

(53)　キャンペーンを利用してレギュラー会員になる場合、入会時にいくら払いますか。

1　　8,400 円

2　　5,400 円

3　　4,800 円

4　　2,400 円

GK フィットネスクラブ
キャンペーン実施中！

【特典】

　　　６月 30 日までにご入会の方には次の特典があります。

　　① 　入会金が無料です。

　　② 　６月分会費もいただきません。

　　③ 　７月分会費は半額です。

【会費】

　　　　１か月あたり　　レギュラー会員　4,800 円

　　　　　　　　　　　　プレミアム会員　6,500 円

　　　＊会費のほかに、入会金 5,400 円と初回手数料 3,000 円がかかります。

【入会手続きに必要なもの】

　１．身分証明書（運転免許証など、住所がわかるもの）

　２．会費を引き落とす銀行の通帳と印鑑あるいはクレジットカード

　　　　＊ご本人の名義のものに限ります。

　３．初期経費および入会月と翌月の会費

　　　　＊キャンペーン対象者はこの限りではございません。上記特典をご確認く

　　　　　ださい。

　　　　＊キャンペーン特典は、初めて入会される方と退会後１年以上経った方に

　　　　　適用されます。

　　　　＊退会後１年未満で再入会される方は、キャンペーンの対象外です。

　　　　　　　　　　　　　　　　　　　　　　GK フィットネスクラブ

　　　　　　　　　　　　　　　　　　　　　TEL：0120-529X-XXX

　　　　　　　　　　　　　　　　　　　お気軽にお問い合わせください。

問題　9

次の文章を読んで問題に答えなさい。
答えは１・２・３・４の中から最も適当なものを１つ選びなさい。

ソフトウエア更新で稼（かせ）ぐ時代

ハーバード大客員研究員　山本康正（やまもとやすまさ）

　インターネットの出現で、ハードウエアは常にソフトウエアを更新できるようになりました。例えばスマートフォンの「iPhone」は毎年ですし、電気自動車のテスラはおよそ半年ごとに新しい機能（自動運転関連も含む）が追加されていきます。

　こうした事例が意味しているのは「付加価値（かち）は販売した後から付けることができる」ということです。これまではお客様の手元に商品を届けることが第一の目的で、その後のメンテナンスは補助でした。これからはお客様の手元に商品が届くことはあくまで補助で、それから先に付加価値をつけることのほうがメインになりつつあるのです。

　つまり、購入（こうにゅう）はあくまでもきっかけ（もしくは囲い込み）に過ぎません。その上で、ソフトウエアの更新でお金を稼ぐビジネスモデルが成り立つわけです。

　日本の企業（きぎょう）は各部品の製造についてはとても強いのですが、世界で使われるソフトウエアというものは今のところほとんどなく、利用者が使い続けることが収益（しゅうえき）につながる仕組みづくりは弱いのが現状です。

　ソフトウエアの世界では、「サブスクリプション（継続課金（けいぞく））方式」というビジネスモデルが広がっています。利用した期間などに応（おう）じて対価を支払う仕組みです。ソフトウエア企業で有名な米アドビシステムズやマイクロソフトは、５万円ほどする自社の主力商品を月額1000円ほどに切り替えました。

　一見すると会計上は減益となりそうですが、将来の顧客（こきゃく）の囲い込みにつながるのです。

（「日本経済新聞」2019年7月11日付より一部改）

（54）　近年、ビジネスモデルはどのように変化したと言っていますか。
　　　1　品質がよく長持ちする商品を手頃な価格で販売するようになった。
　　　2　顧客の手元に商品を早急に届けることが重視されるようになった。
　　　3　販売後の商品に付加価値をつけ、顧客をつなぎとめるようになった。
　　　4　利用した期間に応じて月額利用料が安くなる仕組みが広がった。

（55）　日本の企業が不得意だと言っているのは何ですか。
　　　1　顧客を囲い込み、利益につなげるシステム作り
　　　2　世界レベルの機能を持つ各部品の製造
　　　3　頻繁にソフトウエアが更新できるハードウエアの製造
　　　4　販売後のソフトウエアの機能を保証する仕組み作り

問題　１０

次の文章を読んで問題に答えなさい。
答えは１・２・３・４の中から最も適当なものを１つ選びなさい。

相手の「言わないこと」に耳を澄まそう

　　人は都合の悪いことは言いたがらない。誰でも自分の胸に手をあてて考えてみれば心当たりがあるだろう。かく言うぼくもそうだ。自分の悪いところやこれまでに犯した過ちは隠しておきたい。他人にいい人間と思われたいという心理はどうしても働いてしまう。

　　日々の人間関係の中でなら、そんなことやり過ごしていればいいだろう。でもそれが仕事の上でのことになったりすると、無視するわけにはいかない。あとで大変な（＊）しっぺ返しをくらうことになってしまうからだ。

　　たとえばあなたが就職を考えているとして、会社説明会に顔を出すとする。そこでその会社のしかるべき人が、学生たちに向けて話をする。会社としては優秀な学生をとりたい。そのためにはどれだけいい会社かをアピールしようとするのは当然だろう。

　　ある会社の採用担当者が、その会社の歴史をとうとうと述べたあと、こう言うとする。「わが社の売り上げは右肩上がりで増えています。この業界の中で十年前には五位でしたが、今は二位にまで伸びてきています。業界トップも夢ではありません。そのためには君たちの力が必要です。ぜひ将来性のあるわが社に来てください」

　　これを聞いて、悪い印象を持つ学生は少ないのではと思う。でも実態がその言葉通りなのかはこれだけではわからない。

　　嘘は言っていない。でも意図的に「言わないこと」があるかもしれないからだ。

（＊）しっぺ返しをくらう…仕返しをされる

（松原耕二『本質をつかむ聞く力　ニュースの現場から』筑摩書房より一部改）

(56) 採用担当者が「意図的に『言わないこと』」とは例えばどんなことですか。
　　1　会社の歴史が学生に話したより長いこと
　　2　売り上げは業界2位だが、営業利益は出ていないこと
　　3　今年、業界で1位になれそうだということ
　　4　来年、採用する予定の学生は100人だということ

(57) この文章で筆者が言いたいことは何ですか。
　　1　どんな時でも自分の悪いところや過ちを相手に正直に言ったほうがいい。
　　2　人間関係を良くするため、都合が悪いことは言わないほうがいい。
　　3　将来性のある会社かどうかは採用担当者の話をよく聞いていればわかる。
　　4　相手の言葉が真実のすべてだとは限らないので、注意が必要だ。

問題　11

次の文章を読んで問題に答えなさい。
答えは1・2・3・4の中から最も適当なものを1つ選びなさい。

減税すれば景気は上昇するのか？

　多くの経済学者は、減税すれば景気が上昇し、増税すれば景気が悪化すると言います。
（　A　）、間接税である消費税にはそういう傾向があるようです。しかし、所得税や法人税などの直接税は低ければ景気が上昇し、高ければ景気が悪化するというわけではありません。

　たとえば高度経済成長期には、所得税の最高税率は七五％でした。住民税をあわせれば最高税率が九〇％を超えた時期に、日本の経済はもっとも大きく成長していたのです。その後、税率は下がり続け、現在の所得税と住民税を合わせた最高税率は五五％ですが、景気は一向に上がっていません。

　またアメリカでは第二次大戦後、ハリー・S・トルーマン大統領の在任中に、富裕層の最高税率は九一％にのぼりました。すると、多くの企業で給与水準が上がったのです。利益を上げても税金で取られるだけならば、社員に還元しようという経営者が増えたからです。所得の再分配が進んだことで中間層が(＊)勃興し、この時期に、自動車産業も家電産業も急成長を遂げています。黄金の五〇年代です。一般的に言えば、戦争が終結すると戦勝国も敗戦国も不況に陥るものです。しかし第二次大戦後のアメリカは、こうして民需を高めることで不況を免れたのでした。

　いずれも特殊な時代のことではありますが、実際の経済は理論どおりにはいかないことはここでも証明されています。

（＊）勃興し…勢いが急に盛んになり

和田秀樹著『学者は平気でウソをつく』新潮文庫刊より一部改

(58)　（　A　）に入る言葉はどれですか。
　　　1　確かに
　　　2　そのため
　　　3　同じく
　　　4　または

(59)　第二次大戦後のアメリカで「所得の再分配」が進んだ理由として、筆者が述べていることはどれですか。
　　　1　国の財政に余裕ができ、税率が下がったため
　　　2　様々な産業が急成長して消費者の購買意欲が増し、景気が良くなったため
　　　3　政府が消費税率を下げ、国民の消費を促したため
　　　4　税金を納める代わりに、社員の給料を上げた経営者が多かったため

(60)　文章の内容と合っているのはどれですか。
　　　1　戦争に勝つと景気が良くなるのが普通だ。
　　　2　近年、アメリカでは様々な産業が急激に成長している。
　　　3　日本の高度経済成長期の直接税の税率は現在より高かった。
　　　4　消費税が上がると景気が良くなると言われている。

3 漢字問題

A　次のひらがなの漢字をそれぞれ１・２・３・４の中から１つ選びなさい。

(61)　庭に花が<u>さい</u>ている。
　　　　1　効いて　　　　2　咲いて　　　　3　浮いて　　　　4　引いて

(62)　重要なことは部長が<u>はんだん</u>する。
　　　　1　判断　　　　2　相談　　　　3　反対　　　　4　交換

(63)　あの動物は秋になると食料を<u>ためる</u>。
　　　　1　詰める　　　　2　貯める　　　　3　埋める　　　　4　占める

(64)　大企業の社長だが、その生活は<u>しっそ</u>だ。
　　　　1　派遣　　　　2　神秘　　　　3　審査　　　　4　質素

(65)　仕事を続けるかどうか<u>なやん</u>でいる。
　　　　1　悩んで　　　　2　憎んで　　　　3　挟んで　　　　4　畳んで

(66)　<u>ねばり</u>強く相手を説得する。
　　　　1　悟り　　　　2　粘り　　　　3　練り　　　　4　障り

(67)　社長は病気を<u>わずらっ</u>ているそうだ。
　　　　1　競って　　　　2　患って　　　　3　装って　　　　4　補って

(68)　課長はとても<u>きびしい</u>。
　　　　1　怪しい　　　　2　乏しい　　　　3　厳しい　　　　4　惜しい

(69)　仕事に対する<u>しせい</u>が評価された。
　　　　1　検討　　　　2　講義　　　　3　趣旨　　　　4　姿勢

(70)　<u>いぜん</u>としてこの会社の状況は変わっていない。
　　　　1　一挙　　　　2　芝居　　　　3　一概　　　　4　依然

(71) 上司（じょうし）に指示を<u>あおいだ</u>。
    1　築いだ　　　　　2　響いだ　　　　　3　砕いだ　　　　　4　仰いだ

(72) <u>きちょうな</u>資料を見せてもらった。
    1　膨大な　　　　　2　貴重な　　　　　3　勇敢な　　　　　4　容易な

(73) 利益（りえき）を社会に<u>かんげん</u>する。
    1　還元　　　　　　2　干渉　　　　　　3　簡便　　　　　　4　頑固

(74) この証明書（しょうめい）は<u>ぎぞう</u>されている。
    1　均衡　　　　　　2　誇張　　　　　　3　志望　　　　　　4　偽造

(75) 卵の<u>から</u>を取り除く。
    1　栓　　　　　　　2　核　　　　　　　3　殻　　　　　　　4　紐

B　次の漢字の読み方を例のようにひらがなで書いてください。

・ひらがなは、<u>正しく、ていねいに</u>書いてください。

・<u>漢字の読み方だけ</u>書いてください。

（例）　はやく<u>書</u>いてください。

（例）	か

---

(76)　ここはとても<u>美</u>しいところだ。

(77)　<u>方角</u>がわからなくなった。

(78)　<u>窓側</u>の席に座る。

(79)　その<u>価格</u>にはサービス料が<u>含</u>まれている。

(80)　<u>厚</u>かましいとは存じますが、どうぞご<u>検討</u>ください。

(81)　家族の<u>支</u>えで仕事に<u>復帰</u>できた。

(82)　この食品は<u>保存</u>料を使用していない。

(83)　金の<u>採掘</u>現場へ行った。

(84)　課長は口うるさいので、<u>煙</u>たがられている。

(85)　そんな話は<u>迷信</u>だ。

(86)　この建物は<u>杉</u>の木でできている。

(87)　この結論に<u>至</u>った理由を考えなければならない。

(88)　<u>誰</u>とでも分け<u>隔</u>てなく接する。

(89)　商品の<u>補充</u>を行う。

(90)　1,000年前、この地域は<u>繁栄</u>していた。

4　記述問題

A　例のように＿＿＿＿＿に適当な言葉を入れて文を作ってください。

> ・文字は、**正しく、ていねいに**書いてください。
> ・漢字で書くときは、**今の日本の漢字を正しく、ていねいに**書いてください。
>
> （例）　きのう、＿＿＿＿＿＿でパンを＿＿＿＿＿＿。
> 　　　　　　　　　　　（A）　　　　　　　　　　（B）
>
> | （例） | （A）　　　スーパー | （B）　　　買いました |

(91)　A：明日の試合は雨が＿＿＿＿＿＿も行われるんですか。
　　　　　　　　　　　　　　　　（A）
　　　B：いいえ。雨が降ったら＿＿＿＿＿＿になりますよ。
　　　　　　　　　　　　　　　　　　（B）

(92)　（会社で）
　　　A：本当に一人で大丈夫？
　　　B：一人でできると＿＿＿＿＿＿からには、他の人に＿＿＿＿＿＿もらう
　　　　　　　　　　　　（A）　　　　　　　　　　　　　　（B）
　　　わけにはいかないよ。

(93)　A：あー、おなかが＿＿＿＿＿＿しょうがないよ。
　　　　　　　　　　　　　　（A）
　　　B：え？　まだお昼ご飯、＿＿＿＿＿＿の？
　　　　　　　　　　　　　　　　（B）

(94)　（電話で）
　　　A：天気も＿＿＿＿＿＿し、どこか行かない？
　　　　　　　　　　（A）
　　　B：実は昨日から＿＿＿＿＿＿気味なんだ。また今度にするよ。
　　　　　　　　　　　　（B）

(95)　彼とは大学を＿＿＿＿＿＿以来、一度も＿＿＿＿＿＿いないので、
　　　　　　　　　（A）　　　　　　　　　　　（B）
　　　10年ぶりの再会になる。楽しみだ。

B　例のように３つの言葉を全部使って、会話や文章に合う文を作ってください。

・【　　　】の中の文だけ書いてください。
・1.→2.→3.の順に言葉を使ってください。
・言葉の　　　の部分は、形を変えてもいいです。
・文字は、正しく、ていねいに書いてください。
・漢字で書くときは、今の日本の漢字を正しく、ていねいに書いてください。

（例）
きのう、【　1.　どこ　　→　2.　パン　　→　3.　買う 】か。

（例）	どこでパンを買いました

(96)

A：この【　1.　魚　　→　2.　変　　→　3.　におい 】しますよ。
B：じゃ、捨てましょう。

(97)

4月なのに雪が降るなんて、【　1.　まるで　　→　2.　冬　　→　3.　戻る 】かのようだ。

(98)

この資料は【　1.　田中さん　　→　2.　おかげ　　→　3.　完成する 】ができた。

(99)

時間はたっぷり【　1.　ある　　→　2.　ものの　　→　3.　何 】したくない。

(100)

通っていた高校が火事で【　1.　焼ける　　→　2.　聞く　　→　3.　悲しい 】ならない。

J.TEST

実用日本語検定

┌─────────────────┐
│ 聴 解 試 験 │
└─────────────────┘

1　写真問題　　　　　問題　　１～１０

2　聴読解問題　　　　問題　１１～２０

3　応答問題　　　　　問題　２１～４０

4　会話・説明問題　　問題　４１～５５

1 写真問題 （問題1～10）

例題

例題1
例題2

例題1→	れい1	●	②	③	④	（答えは解答用紙にマークしてください）
例題2→	れい2	①	②	●	④	（答えは解答用紙にマークしてください）

A　問題1
　　問題2

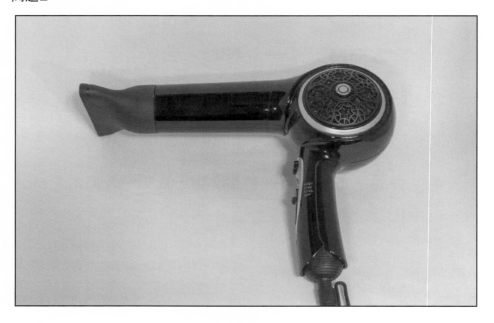

B　問題3
　　問題4

C　問題5
　　問題6

D　問題7
　　問題8

E　問題9

F　　問題10

2 聴読解問題 （問題11〜20）

例題

例題1
例題2

① ② 株式会社ＧＫ出版

営業部
部長 吉田 一郎
YOSHIDA Ichiro

③ 〒130-0021 東京都墨田区緑×-×-× ④
TEL:03-3633-xxxx E-mail:yoshida@XX.jp

| 例題1→ | れい1 | ① | ● | ③ | ④ | （答えは解答用紙にマークしてください） |
| 例題2→ | れい2 | ① | ② | ● | ④ | （答えは解答用紙にマークしてください） |

G 問題11
問題12

H 問題13
   問題14

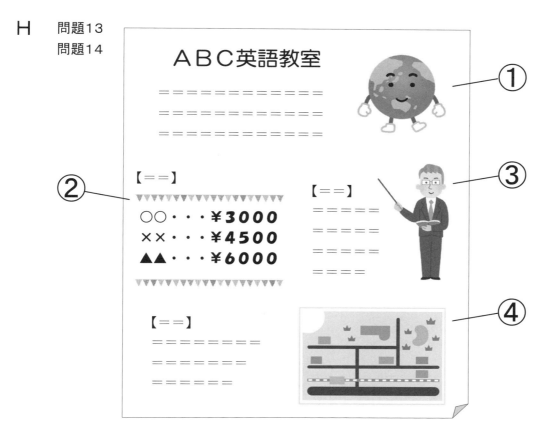

I 問題15
   問題16

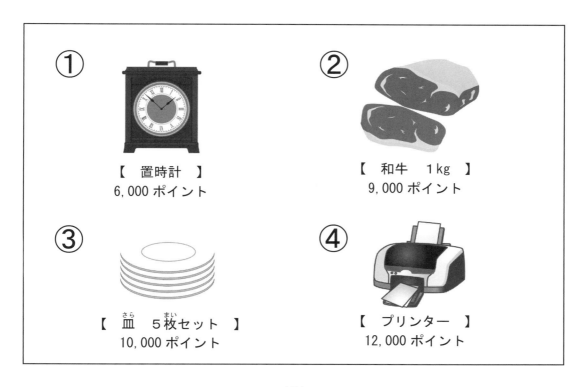

J　問題17
　　問題18

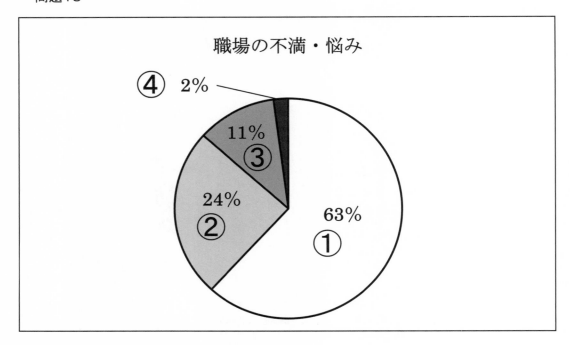

K　問題19

①	小説家
②	製造業
③	テレビ制作
④	製薬業

問題20

①	俳句
②	囲碁
③	小説
④	ゴルフ

3 応答問題 (問題21～40)

(問題だけ聞いて答えてください。)

問題21
問題22
問題23
問題24
問題25
問題26
問題27
問題28
問題29
問題30
問題31
問題32
問題33
問題34
問題35
問題36
問題37
問題38
問題39
問題40

メモ（MEMO）

4 会話・説明問題 (問題41〜55)

例題	1 資料のコピー
	2 資料のチェック
	3 資料の作成

れい　① ● ③　　（答えは解答用紙にマークしてください）

1

問題41　1　鳥
　　　　2　犬
　　　　3　ゲームソフト

問題42　1　娘（むすめ）
　　　　2　父
　　　　3　母

2

問題43　1　森（もり）さんに連絡（れんらく）する。
　　　　2　店をキャンセルする。
　　　　3　女性の連絡を待つ。

問題44　1　森さんの予定を聞く。
　　　　2　男性とミーティングに参加する。
　　　　3　歓迎会（かんげい）の店を決める。

3

問題45　1　肉を買ってすぐ
　　　　2　焼（や）くすぐ前
　　　　3　焼く30分から1時間前

問題46　1　冷蔵庫（れいぞうこ）から出してすぐに焼き始める。
　　　　2　表面の色が変わったら裏返（うら）し、すぐ火を止める。
　　　　3　弱（よわ）い火で温（あたた）めてから最後に強い火で焼く。

4

問題47　　1　サービスエリア
　　　　　　2　ホテル
　　　　　　3　美術館

問題48　　1　猫のシールを目立つところに貼ること
　　　　　　2　バスに乗る前に必ずトイレに行くこと
　　　　　　3　バスを乗り間違えないようにすること

5

問題49　　1　セキュリティ対策が万全かどうか
　　　　　　2　オンライン会議がスムーズにできるかどうか
　　　　　　3　会社のシステムが使えるかどうか

問題50　　1　会社の人と会えないこと
　　　　　　2　オンライン商談で客とうまく話せないこと
　　　　　　3　商談の機会が減っていること

6

問題51　　1　新入社員を清掃業務から外すこと
　　　　　　2　清掃業者を他の業者に変えること
　　　　　　3　会社の慣習を継続させること

問題52　　1　新入社員を集めて会議を開く。
　　　　　　2　次回の会議で提案する。
　　　　　　3　清掃業者に仕事を依頼する。

7

問題53　　1　洋服屋
　　　　　　2　飲食店
　　　　　　3　美容院

問題54　　1　新規の客が減っていること
　　　　　　2　既存の客の再来店率が低いこと
　　　　　　3　客単価が安いこと

問題55　　1　来店1か月後のメール連絡
　　　　　　2　ポイントカードの導入
　　　　　　3　新メニューの予告

終わり

実用日本語検定

TEST OF PRACTICAL JAPANESE

J.TEST

受験番号		氏　名	

注　意

1　試験が始まるまで、この問題用紙を開けないでください。

2　この問題用紙は、全部で４１ページあります。

日本語検定協会／Ｊ．ＴＥＳＴ事務局

J.TEST

実用日本語検定

読 解 試 験

1　文法・語彙問題　問題　（1）〜（40）

2　読解問題　　　　問題　（41）〜（60）

3　漢字問題　　　　問題　（61）〜（90）

4　記述問題　　　　問題　（91）〜（100）

1　文法・語彙問題

A　次の文の（　　　）に1・2・3・4の中から最も適当な言葉を入れなさい。

（1）　甘いお菓子は食べれば（　　　）ほど太る。
　　　1　食べない　　　　2　食べる　　　　3　食べれ　　　　4　食べた

（2）　こんな（　　　）がいのない仕事はもうしたくない。
　　　1　やる　　　　　　2　やり　　　　　3　やって　　　　4　やろう

（3）　風邪を治したいなら、薬を飲んで早く寝る（　　　）だ。
　　　1　うち　　　　　　2　ため　　　　　3　こと　　　　　4　もの

（4）　暖かくて春（　　　）日が続いている。
　　　1　らしい　　　　　2　からなる　　　3　をめぐる　　　4　に先立つ

（5）　8月はアイスクリーム（　　　）はじめ、冷たいデザートがよく売れる。
　　　1　に　　　　　　　2　から　　　　　3　を　　　　　　4　が

（6）　駅から（　　　）にしても、家賃が高いアパートには住みたくない。
　　　1　近さ　　　　　　2　近いの　　　　3　近く　　　　　4　近い

（7）　今日は雨なので、試合は延期するより（　　　）しかたがない。
　　　1　とともに　　　　2　につれ　　　　3　まで　　　　　4　ほか

（8）　課長、お忙しい（　　　）恐れ入ります。ちょっと教えていただきたいんですが。
　　　1　こと　　　　　　2　もの　　　　　3　ところ　　　　4　とき

（9）　彼の行為は医師として（　　　）まじきものだ。
　　　1　あり　　　　　　2　あって　　　　3　あった　　　　4　ある

（10）　結婚の報告（　　　）先生の家に伺った。
　　　1　かたがた　　　　2　はおろか　　　3　にひきかえ　　4　にもまして

（11）　聞くともなし（　　　）、隣に座った人の話を聞いていた。
　　　1　と　　　　　　　2　で　　　　　　3　の　　　　　　4　に

(12) その感動的な映像は美しい音楽（　　　）相まって、人々の涙を誘った。

1　の　　　　　　　2　は　　　　　　3　で　　　　　　4　と

(13) 変な誤解を（　　　）はかなわないので、必死に説明した。

1　される　　　　2　された　　　　3　されて　　　　4　されなく

(14) 彼女と出会った日（　　　）、私の人生は光り輝きはじめた。

1　を境に　　　　2　を前提に　　　3　とあれば　　　4　なればこそ

(15) よく知らないあなたにそんなひどいことを言われる（　　　）。

1　ゆえんである　　　　　　　　　2　ふしがある

3　覚えはない　　　　　　　　　　4　以外のなにものでもない

(16) A：「イベントの失敗、課長になんて説明する？」

B：「ちょっと（　　　）ですね」

1　説明することにならない　　　　2　説明したくてたまらない

3　説明する一方　　　　　　　　　4　説明しようがない

(17) A：「なんとかもう少し価格を下げてもらえないでしょうか」

B：「申し訳ございませんが、それは（　　　）」

1　できかねます　　　　　　　　　2　できてばかりもいられません

3　できたかのようです　　　　　　4　できつつあります

(18) 山田：「島崎さん、用事でもあるのかな。ずいぶん急いでいたね」

加藤：「うん、（　　　）帰っていったね」

1　5時になったとなると　　　　　2　5時になるかならないかのうちに

3　5時になってからでないと　　　4　5時になるのもかまわず

(19) A：「夏休みどこか行くの？」

B：「うん。（　　　）、せめて国内旅行をしたいと思っているんだ」

1　海外旅行にかこつけて　　　　　2　海外旅行とは言わないまでも

3　海外旅行へ行ったかのごとく　　4　海外旅行のみならず

(20) 山本：「今井さんの奥さん、怒ってましたがどうしたんですか」

今井：「実は（　　　）、あまり家に帰っていなかったんだ」

1　忙しさにかまけて　　　　　　　2　忙しいと思いきや

3　忙しさをものともせずに　　　　4　忙しかったも同然

B　次の文の（　　　）に１・２・３・４の中から最も適当な言葉を入れなさい。

(21)　（　　　）に腕を刺された。
　　　　1　穴　　　　　　2　羽　　　　　　　3　蚊　　　　　　4　油

(22)　眠っている娘に（　　　）もうふをかけた。
　　　　1　まさか　　　　2　にこにこ　　　3　そっと　　　　4　すっきり

(23)　この仕事、（　　　）もらえないかな？
　　　　1　引き返して　　2　引き受けて　　3　引き出して　　4　引き止めて

(24)　このレストランは人気があって、予約が（　　　）だ。
　　　　1　不足　　　　　2　困難　　　　　3　派手　　　　　4　正確

(25)　足が（　　　）しまって、動けない。
　　　　1　しびれて　　　2　透き通って　　3　救って　　　　4　優れて

(26)　友人に悩みを相談したが、（　　　）で笑われてしまった。
　　　　1　あご　　　　　2　目　　　　　　3　鼻　　　　　　4　腹

(27)　取引先の人を迎えるために、タクシーを（　　　）した。
　　　　1　介入　　　　　2　運用　　　　　3　処置　　　　　4　手配

(28)　昨年に比べ、A社は（　　　）業績が悪化した。
　　　　1　浅ましく　　　2　たくましく　　3　紛らわしく　　4　著しく

(29)　仕事が大変で（　　　）になりそうだ。
　　　　1　ノイローゼ　　2　ブザー　　　　3　フォーム　　　4　セレモニー

(30)　まだまだ暑い日が続きますが、ご（　　　）ください。
　　　　1　自愛　　　　　2　健勝　　　　　3　用達　　　　　4　清祥

C　次の文の＿＿＿の意味に最も近いものを１・２・３・４の中から選びなさい。

(31)　10年後の自分がイメージできない。
　　　1　を心配できない　　　　　　　　2　が信じられない
　　　3　に期待できない　　　　　　　　4　が想像できない

(32)　彼はいじわるだ。
　　　1　頭が悪い　　　　　　　　　　　2　性格が悪い
　　　3　法律を守らない　　　　　　　　4　力が弱い

(33)　その服はせいぜい１万円ぐらいだろう。
　　　1　たぶん　　　　2　全部で　　　　3　ちょうど　　　　4　高くても

(34)　風邪気味なので、早く寝た。
　　　1　風邪をひかないように　　　　　2　なかなか風邪が治らないので
　　　3　風邪ではないが　　　　　　　　4　風邪をひいた感じがするので

(35)　あの人のことが本当に憎らしい。
　　　1　恋しい　　　　2　好きだ　　　　3　嫌いだ　　　　4　懐かしい

(36)　両親は共働きだ。
　　　1　二人とも働いている　　　　　　2　一緒に働いている
　　　3　交替で働いている　　　　　　　4　同じ職場だ

(37)　明日の天気が気になってならない。
　　　1　がとても気になる　　　　　　　2　を気にする必要がない
　　　3　が全然気にならない　　　　　　4　を気にしなければならない

(38)　同僚と雑談した。
　　　1　相談　　　　　　2　おしゃべり　　　3　計画　　　　　4　けんか

(39)　この件はお金が絡んでいる。
　　　1　必要である　　　2　使われた　　　3　関係している　　4　原因である

(40)　彼女はその仕事をやってのけた。
　　　1　やらないで済ませた　　　　　　2　見事にやり終えた
　　　3　まったくやろうとしない　　　　4　やる努力をしている

2　読解問題

問題　1

次のメールを読んで問題に答えなさい。
答えは１・２・３・４の中から最も適当なものを一つ選びなさい。

2021/07/20　11:15

飲み物の自動販売機について

お疲れ様です。
総務部の吉田です。

社員の休憩時やお客様の来社時にすぐに飲み物が欲しい、
会社の外に買いに行くのは不便だという意見があるため、
社内に飲み物の自動販売機を置くことを考えております。
つきましては、できるだけ多くのご意見をうかがい、
その結果をもとに決めたいと思います。
下記の質問について７月30日までにご返信ください。
ご協力のほどよろしくお願いいたします。

================================
＜質問＞
１．飲み物の自動販売機を置くことに賛成ですか、反対ですか。
２．１の理由を教えてください。
================================
総務部　吉田

（41）　このメールをもらった人はこのあと何をしますか。
　　　　1　質問の回答をメールに書いて吉田さんに送る。
　　　　2　会社に来たお客さんに飲み物を出す。
　　　　3　自動販売機を置くかどうか、会議で話す。
　　　　4　自動販売機について社員に意見を聞く。

（42）　この会社について、メールの内容と合っているのはどれですか。
　　　　1　休憩場所でしか飲み物を飲めない。
　　　　2　総務部社員が来客の応対をしている。
　　　　3　現在、社内に自動販売機がない。
　　　　4　社員は会社の外で休憩している。

問題 2

次のメールを読んで問題に答えなさい。
答えは１・２・３・４の中から最も適当なものを１つ選びなさい。

2021/04/13　16:40

木村　誠　先生

ご無沙汰しております。株式会社グッドラックの田中洋子です。
昨年の新入社員研修会では大変お世話になりました。
先生のご講演は大変好評で、今年もぜひ、という声が社内で多く上がっております。
つきましては、本年もまたお願いいたしたく存じます。

・場所　弊社８階　大会議室（昨年と同じ）
・日時　７月12日（月）　午後２時～４時
・内容　「上手な伝え方」（昨年と同じ）

上記を予定しておりますが、ご都合はいかがでしょうか。
よろしくご検討くださいますようお願い申し上げます。
今年もまた先生にお会いできることを楽しみにしております。

株式会社グッドラック
田中　洋子
〒194-00XX　東京都〇〇区〇〇町１-１
E-mail:tanaka@XXXX.co.jp
TEL：03-3222-12XX　FAX：03-3222-12XX
----

(43) このメールは何のために送られましたか。
　　　1　講演のお礼を言うため
　　　2　講演日時を変更するため
　　　3　講演を依頼するため
　　　4　講演内容を確認するため

(44) 木村さんについて、メールの内容と合っているのはどれですか。
　　　1　株式会社グッドラックで働いている。
　　　2　株式会社グッドラックに行ったことがある。
　　　3　新入社員として研修会に参加する。
　　　4　田中さんと会ったことがない。

問題　3

次の文書を読んで問題に答えなさい。
答えは１・２・３・４の中から最も適当なものを１つ選びなさい。

2021 年 7 月 1 日

社員各位

総務部　川原 武

停電のお知らせ

　本社ビルでは 7 月 17 日（土）、電気設備の定期点検のため停電となります。当日は外部業者が事務所内に立ち入り、作業を行います。停電時間帯は出勤できませんので、あらかじめご了承ください。また、前日退社時の確認事項につきましても、宜しくお願いいたします。

記

停電日時：2021 年 7 月 17 日（土）10：00 から 14：00 まで
停電場所：本社ビル全体
　　　　　照明、エレベーター、エアコン等、すべてが停止します。

【7 月 16 日（金）退社時の確認事項】
・パソコンや電子機器の電源を切り、コンセントから外す。
・机の上や周辺を整理しておく。特に個人情報に関わる書類は鍵のかかるキャビネットにしまっておく。
・冷蔵庫の中身を整理しておく。

以上

（45）　前日までにやらなければならないことは何ですか。
　　　　1　総務部に個人情報を提出すること
　　　　2　机の上の食料を冷蔵庫に入れること
　　　　3　重要な書類を片づけること
　　　　4　キャビネット内を整理すること

（46）　文書の内容と合っているのはどれですか。
　　　　1　本社ビルの一部が停電となる。
　　　　2　総務部社員が電気設備点検の作業を行う。
　　　　3　キャビネットの鍵は総務部で管理している。
　　　　4　7月17日は14時以降であれば出勤は可能である。

問題　4

次の文書を読んで問題に答えなさい。
答えは１・２・３・４の中から最も適当なものを１つ選びなさい。

2021 年 7 月 10 日

大村商事株式会社
仕入部長　河村直輝様

株式会社アサノ
営業部　杉本 亮

　謹啓　貴社ますますご盛栄のこととお喜び申し上げます。
　この度は、新規お取引のお申込みをいただき誠にありがとうございます。
　しかしながら、せっかくのお申し出ではございますが、現在の弊社生産工場での生産量では、新規取引の余裕がございません。そのため、現時点ではご希望の条件での納品が難しく、今回のお取引は見送らせていただきたく存じます。私どもの都合で貴社のご期待に添えないことをお詫び申し上げます。
　なお、来年 4 月に県からの助成を受け建設中の新工場が生産開始の見込みとなっておりますので、その際にお取引を開始させていただければ幸いでございます。後日改めて製品のご案内および価格のご提案をさせていただきたく存じます。
　新工場稼働後は生産数が倍増するため、現在の品質を維持したまま価格を引き下げることが可能となる見込みでございます。
　ご案内申し上げました際は何とぞご検討のほどよろしくお願いします。

謹白

（47）　株式会社アサノの製品は今後どうなりますか。
1　価格が高くなる。
2　生産が中止される。
3　品質が向上する。
4　生産量が増える。

（48）　株式会社アサノについて、文書の内容と合っているのはどれですか。
1　大村商事株式会社の新規取引を断った。
2　新工場が完成した。
3　現在、取引している企業がない。
4　助成金の申請を取り下げた。

問題　5

次の文章を読んで問題に答えなさい。
答えは１・２・３・４の中から最も適当なものを１つ選びなさい。

　　仕事をしていく自信がない。やりたい仕事がない。どんな仕事が自分に合っているのか
わからない。そんなことで就職活動に動き出せない。こうしたつらさから相談に来た学
生に、私は消去法で決めることを提案した。「自分には無理」「自分には合わない」、そ
うした職種を消していって、残った仕事にとりあえず挑戦してみるということである。
「これならできるかもしれない」、そう思えたら^{（＊１）}上出来である。「これ以外、何も
残っていない」という選択でもいい。ともかく、消去法で選択した仕事に向けて懸命に就
職活動をすること。決まったら^{（＊２）}誠心誠意勤めてみること。そのあとで、また考えれ
ばいい。

（＊１）上出来…良い結果
（＊２）誠心誠意…一生懸命

（根本橘夫『「自分には価値がない」の心理学』朝日新聞出版より一部改）

---

(49)　筆者が学生にした提案は何ですか。
　　　1　人気がなく残っている仕事に挑戦してみること
　　　2　これ以外はやりたくないという仕事を見つけること
　　　3　向き不向きにかかわらず、身近な仕事に挑戦してみること
　　　4　消去法で残った仕事に挑戦してみること

★ 問題　6

次の文章を読んで問題に答えなさい。
答えは１・２・３・４の中から最も適当なものを１つ選びなさい。

自分がいちばん大事、けれど…

　率直に言いますが、皆さん何がかわいいといって自分ほどかわいいものはないでしょう。あるところでそういう話をしたら、いやそうではない、私はこういうものがかわいいのだと言う人がありましたけれども、それは私はウソだと思うのです。

　ほんとうにかわいいものは自分だ、自分よりかわいいものはないはずだ、そのつぎにだれがかわいいということは、それは言えます。ほんとうのところをいうと、自分がいちばんかわいいのだと思います。私はそれはそれでよろしい、お互いが自分がいちばん大事だということはよろしいと思うのです。

　しかし、いちばん自分が大事だということと同時に、他人も大事にするということが大切だということです。自分はかわいいことは分かっている。そして、また友人もかわいい。しかし友人より他人になったら、もうあまりかわいくない、まして自分に反対するやつは憎くてしようがないと、こういうような現状ではないかと思うのです。これでは私は平和というものは来ないと思うのです。

（松下幸之助『松下幸之助　若き社会人に贈ることば――自分の幸せは自分でつくれ』
PHP研究所より一部改）

---

(50)　筆者の考えに最も近いものはどれですか。
1　自分を何よりもいちばん大事にすべきである。
2　自分や友人以外の他人も大事にすることが大切だ。
3　自分や友人などだけをいちばん大事にすべきである。
4　人間は、自分以外のものを大事に思うことはない。

問題　7

次の文章を読んで問題に答えなさい。
答えは１・２・３・４の中から最も適当なものを１つ選びなさい。

「いつものスーパー」も「たくさん買わせる仕掛け」の宝庫！

　スーパーの場合は、まず入り口近くに果物や野菜売り場があります。人間は色鮮やかなもの
を見ると気分が高揚する性質があります。（…中略…）

　また、肉や魚など、店内でも比較的高額な商品は、やや奥まったところにあることが一般的
です。肉や魚は空調の安定したところに置かないと傷んでしまうということもありますが、こ
こにも「人間の心理に対する罠」が張られています。

　私たちは、高額のものを手にしてしまうと、その後の出費を抑えたくなる傾向にあります。
たとえば高級肉といくつかの食材を買うにしても、先に肉を手に取った場合と、他の食材を見
てから高級肉を手に取った場合とでは、買い物総額に差が出ることが明らかになっているので
す。

（菅原道仁『そのお金のムダづかい、やめられます』文響社より一部改）

---

(51)　下線部「人間の心理に対する罠」に当てはまるものはどれですか。
　　　1　店の入り口の近くに小さくて、軽い商品が置いてある。
　　　2　高い肉や魚は色が地味なので、店の奥に置いてある。
　　　3　客が手に取りやすい位置に商品が置いてある。
　　　4　高い物は安い物より店の奥に置いてある。

—— このページには問題はありません。——

問題　8

次のページのお知らせを読んで問題に答えなさい。
答えは１・２・３・４の中から最も適当なものを１つ選びなさい。

(52)　J-WEB が行う作業について、お知らせの内容と合っているのはどれですか。
　　　1　全部屋を対象に毎年行っている。
　　　2　有料放送を見たい人の部屋のみが対象となっている。
　　　3　作業代を払わなければならない。
　　　4　作業員が各部屋のテレビを操作する。

(53)　作業期間中、旅行で不在にする場合、どうすればいいですか。
　　　1　郵送か FAX で J-WEB に連絡をする。
　　　2　調査票に都合のいい日時を記入し、回収箱に入れる。
　　　3　電話かメールで J-WEB に連絡をする。
　　　4　担当者が訪問してくるのを待つ。

サンライズマンションにお住まいの皆様へ

J-WEB テレビ設備　動作確認作業のお知らせ

　この度、２年に一度の J-WEB テレビ設備の動作確認作業をさせていただくこととなりました。

　作業当日は作業員が各お部屋のテレビの映像や動作の確認を行い、異常がある場合は修繕作業をさせていただきます。また、ご希望の方には有料放送のご案内も致します。作業は 30 分程度の予定です。作業、説明にかかる費用のご負担はございません。なお、この作業は全部屋が対象となっております。

　ご理解、ご協力のほどよろしくお願い申し上げます。

　＊作業期間　　：　６月 17 日（木）〜21 日（月）

＊同封の「希望調査票」に作業の希望日時等、必要項目をご記入の上、
　６月 10 日までに下記いずれかの方法でご提出ください。
　　①　返信用封筒でご郵送
　　②　FAX にてご返信（047-123-55XX）
　　③　マンション管理人室前の「J-WEB 回収箱」にお入れください。

　※上記日程のご都合が悪い方は、下記連絡先にお電話か E-mail でご連絡
　　ください。

株式会社 J-WEB　千葉東店
〒272-00XX　市川市〇町 2-3
TEL：047-123-56XX　　Email：jweb-chiba@XXX.co.jp

次の文章を読んで問題に答えなさい。

答えは1・2・3・4の中から最も適当なものを1つ選びなさい。

カシオ19年度出荷1000万個突破へ

　カシオ計算機は8日、衝撃に強い腕時計として人気がある「G-SHOCK（ショック）」の全世界への出荷数が2019年度に初めて年間1000万個を突破するとの見通しを明らかにした。東南アジアなど海外での販売が伸び、950万個程度となる18年度より50万個以上増えると見込んでいる。

　Gショックは1983年に初代モデルを発売し、17年8月末に累計出荷が1億個を超えたカシオの主力製品。ここ数年はおおむね50万個のペースで出荷数を伸ばしており、19年度も勢いが続くとみている。

　外装にステンレスやチタンを用いた「メタルモデル」を18年に相次いで投入した。斬新さが受け、国内では主流の合成樹脂モデルと並ぶ人気商品になった。Gショックの出荷先は約8割が海外。19年度は欧米に加え、フィリピンやベトナム、インドネシアなどでもメタルモデルを売り込む。

　18年度の出荷数に占めるメタルモデルの割合は約20%の見込みだが、数年後に30%まで引き上げる。増田裕一取締役専務執行役員は「東南アジアを中心に販売を伸ばし、20年度以降は1100万〜1200万個の出荷を目指したい」と話している。

（「毎日新聞」2019年3月10日付より一部改）

---

(54)　「Ｇ-ＳＨＯＣＫ（ショック）」の出荷数について、文章の内容と合っているのはどれですか。
　　　1　2019年度は前年より50万個以上増える見込みである。
　　　2　海外への出荷が2017年に累計で1億個を超えた。
　　　3　2019年度のメタルモデルの目標出荷数は1100万個である。
　　　4　数年後にメタルモデルが合成樹脂モデルの出荷数を超えそうである。

(55)　カシオ計算機の今後の事業展開について、文章の内容と合っているのはどれですか。
　　　1　国内での販売に力を注ぐ。
　　　2　東南アジアでの販売を開始する。
　　　3　新モデルの製造拠点を海外に移す。
　　　4　メタルモデルの出荷割合を増やす。

問題　１０

次の文章を読んで問題に答えなさい。
答えは１・２・３・４の中から最も適当なものを１つ選びなさい。

　　ある中間管理職の話だ。

　　部下の仕事のやり方を見ていて、未熟さを感じ、これでは能率も悪いし、周囲をイライラさせているはずと思い、改善点を指摘し、どうしたらよいかをアドバイスした。すると、その部下は、

　「わかりました、ありがとうございます」

と口では言うものの、表情がこわばり、ムッとした雰囲気を漂わす。普通なら、アドバイスに感謝するはずなのに、どういうことなんだと思っていると、

　「いつも上から目線でものを言うからムカつく」

とこちらの悪口を言っているということが耳に入ってきた。

（…中略…）

　　なぜそのようなことになるのか。

　　それは、部下の側は、親切で言ってくれたという視点を取らずに、相手が優位に立ってものを言ってきたという視点を取るからだ。

　　そうすると、アドバイスによって助かったということには気持ちが向かず、こっちに対する優位を^{（＊）}誇示しているように感じるのである。だからムカつくのだ。

　　これは、相手が上司であろうと先輩であろうと起こり得ることだ。

　　上司や先輩の方が経験も知識も豊かだから、当然アドバイスする立場にあるのに、なぜ上から目線でものを言うというように相手の優位性に過剰に反応するのか。

　　それは、「見下され不安」を抱えているからだ。

　　見下され不安とは、軽く見られるのではないか、バカにされるのではないかという不安である。

（＊）誇示…得意そうに自慢すること

（榎本博明『「やさしさ」過剰社会　人を傷つけてはいけないのか』
PHP 研究所より一部改）

(56) 筆者によると、部下が「ムッとした雰囲気を漂わす」のはなぜだと言っていますか。
　　　1　上司の仕事のやり方では効率が悪いと思っているから
　　　2　上司が自分の悪口を言っているのを聞いたから
　　　3　上司が自分より優位な立場であることを誇示していると感じたから
　　　4　上司が仕事のやり方をアドバイスしてくれないから

(57) この文章に登場する部下について、当てはまるものはどれですか。
　　　1　経験や知識が豊富である。
　　　2　アドバイスをアドバイスとして受け取れない。
　　　3　上司や先輩に対してはっきりと意見を言う。
　　　4　上司や先輩を見下している。

問題　11

次の文章を読んで問題に答えなさい。
答えは１・２・３・４の中から最も適当なものを１つ選びなさい。

手段を 諦 めることと目的を諦めることの違い

　僕は一八歳で花形種目の^{（＊１）}一〇〇メートルから四〇〇メートルハードルに転向した
が、普通、一八歳といえば、夢に向かってがむしゃらにがんばっている時期だろう。
「諦めるのは早い」
　一般的にも、まだまだそう言われる年齢だ。僕は諦めたことに対する罪悪感や後ろめ
たさを抱きながら競技を続けていた。しかし、時間が経つにつれて、四〇〇メートル
ハードルを選んだことがだんだんと^{（＊２）}腑に落ちるようになった。
「一〇〇メートルを諦めたのではなく、一〇〇メートルは僕に合わなかったんだ」
　いつのまにか、無理なくそんなふうに考えられるようになっていた。すると、自分の
決断について、よりポジティブな意味を見出すことができるようになった。
「一〇〇メートルを諦めたのは、勝ちたかったからだ」
「勝つことに執着していたから、勝てないと思った一〇〇メートルを諦めた」
「勝つことを諦めたくないから、勝てる見込みのない一〇〇メートルを諦めて、四〇〇
メートルハードルという勝てるフィールドに変えた」
　（　　Ａ　　）、自分の腹の奥底にある本心を言語化することができたのである。
「勝つことを諦めたくない」
　そう、僕は「ＡがやりたいからＢを諦めるという選択」をしたに過ぎない。
　誤解のないように言っておくが、僕は四〇〇メートルハードルをやりたかったから一
〇〇メートルを諦めたわけではない。初めて世界の舞台を見て、ここで勝ってみたいと
思ったのだ。しかし一〇〇メートルにこだわっているかぎり、それは絶対に無理だと思
われた。

（＊１）一〇〇メートル…陸上競技の 100 メートル走レース
（＊２）腑に落ちる…納得する

（為末大『諦める力』プレジデント社より一部改）

---

(58) 筆者は「四〇〇メートルハードルに転向した」当初、どう思っていましたか。
　　1　夢に向かって頑張ろうと思っていた。
　　2　「四〇〇メートルハードル」なら世界一になれると思っていた。
　　3　「四〇〇メートルハードル」で勝つことは無理だと思っていた。
　　4　自分の決断が納得できるものではないと思っていた。

(59) （　A　）に入る言葉はどれですか。
　　1　つまりは
　　2　なぜならば
　　3　それゆえに
　　4　ところが

(60) 競技種目を変えてから、筆者の気持ちはどのように変わりましたか。
　　1　世界の舞台で勝たなくてもいいと思うようになった。
　　2　勝つことが重要だと感じていることを意識するようになった。
　　3　元の種目でも勝てたのではないかと思うようになった。
　　4　自分の選択が本心ではなかったと理解しはじめた。

3　漢字問題

A　次のひらがなの漢字をそれぞれ１・２・３・４の中から１つ選びなさい。

(61)　彼はとても<ruby>彼<rt>かれ</rt></ruby>はとてもわかい。
　　　1　偉い　　　　　2　若い　　　　　3　暗い　　　　　4　怖い

(62)　ゆびが痛い。
　　　1　指　　　　　　2　背　　　　　　3　顔　　　　　　4　歯

(63)　ここは<ruby>禁煙<rt>きんえん</rt></ruby>くいきに指定されている。
　　　1　区域　　　　　2　区政　　　　　3　領域　　　　　4　地区

(64)　山に入って道がせまくなった。
　　　1　尊く　　　　　2　狭く　　　　　3　荒く　　　　　4　賢く

(65)　ふうとうを用意する。
　　　1　夫婦　　　　　2　熱湯　　　　　3　封筒　　　　　4　布団

(66)　本をいんさつする。
　　　1　増刷　　　　　2　印刷　　　　　3　発刊　　　　　4　刊行

(67)　商品の<ruby>管理<rt>かんり</rt></ruby>をおこたる。
　　　1　滞る　　　　　2　凝る　　　　　3　奉る　　　　　4　怠る

(68)　課長はひとがらがいい。
　　　1　一変　　　　　2　一筋　　　　　3　人柄　　　　　4　人混

(69)　あせって外へ飛び出した。
　　　1　至って　　　　2　謝って　　　　3　織って　　　　4　焦って

(70)　もうれつな台風が接近している。
　　　1　猛烈　　　　　2　激烈　　　　　3　強烈　　　　　4　鮮烈

(71) 彼女のわが社に対する<u>こうせき</u>は大きい。
  1 功績   2 掲載   3 統制   4 面積

(72) 注意を<u>うながした</u>。
  1 没した 2 促した 3 届した 4 呈した

(73) この地図の<u>しゅくしゃく</u>は5万分の1である。
  1 保釈   2 刑罰   3 賠償   4 縮尺

(74) 新車を<u>こうにゅう</u>した。
  1 潜入   2 貫入   3 購入   4 陥入

(75) <u>さいぜん</u>を尽くす。
  1 際限   2 財源   3 採寸   4 最善

B　次の漢字の読み方を例のようにひらがなで書いてください。

・ひらがなは、**正しく、ていねいに**書いてください。
・**漢字の読み方だけ**書いてください。

（例）　はやく書いてください。

（例）	か

(76)　値段を調べる。

(77)　料理が余った。

(78)　互いに意見を言い合うことが大切だ。

(79)　お世話になった学校に寄付することにした。

(80)　珍しい果物を食べた。

(81)　列が乱れている。

(82)　清掃会社で働いている。

(83)　服が汚れている。

(84)　その条件は到底受け入れられない。

(85)　彼は平凡な男だ。

(86)　書斎で仕事をする。

(87)　社内の手続きは煩わしいことが多い。

(88)　社会に貢献できる仕事をしたいと思う。

(89)　人の嫌がることをしてはいけない。

(90)　虎の絵を描く。

4 記述問題

A 例のように＿＿＿＿＿＿に適当な言葉を入れて文を作ってください。

・文字は、**正しく、ていねいに**書いてください。
・漢字で書くときは、**今の日本の漢字を正しく、ていねいに**書いてください。

（例）　きのう、＿＿＿＿＿＿＿＿でパンを＿＿＿＿＿＿＿＿。
　　　　　　　　　　　　（A）　　　　　　　　　　　（B）

（例）	（A）	スーパー	（B）	買いました

---

(91) 妻　：休みの日は寝て＿＿＿＿＿＿＿＿いるわね。
　　　　　　　　　　　　　　　（A）

　　　　何かスポーツ、した＿＿＿＿＿＿＿＿がいいんじゃない？
　　　　　　　　　　　　　　　　　（B）

　　　夫　：うるさいなあ。疲れてるんだよ。

(92) 先生：大学に＿＿＿＿＿＿＿＿したそうですね。おめでとうございます。
　　　　　　　　　（A）

　　　学生：ありがとうございます。これもみんな、先生の＿＿＿＿＿＿＿＿です。
　　　　　　　　　　　　　　　　　　　　　　　　　　　　　　　（B）

(93) 妻：今日は家を＿＿＿＿＿＿＿＿とき、窓を＿＿＿＿＿＿＿＿っぱなしにしないでね。
　　　　　　　　　　（A）　　　　　　　　　　　（B）

　　　夫：わかってるよ。午後、雨が降るからだろう？

(94) このアニメは＿＿＿＿＿＿＿＿向けだが、大人の間でも＿＿＿＿＿＿＿＿が出つつある。
　　　　　　　　　　　（A）　　　　　　　　　　　　　　　　　（B）

(95) 2時間も＿＿＿＿＿＿＿＿に迷ったあげく、目的地にたどり＿＿＿＿＿＿＿＿なかった。
　　　　　　　　（A）　　　　　　　　　　　　　　　　　　　（B）

B　例のように３つの言葉を全部使って、会話や文章に合う文を作ってください。

- ・【　　　】の中の文だけ書いてください。
- ・１．→２．→３．の順に言葉を使ってください。
- ・言葉の＿＿＿の部分は、形を変えてもいいです。
- ・文字は、正しく、ていねいに書いてください。
- ・漢字で書くときは、今の日本の漢字を正しく、ていねいに書いてください。

（例）

きのう、【　１．　どこ　　→　２．　パン　　→　３．　買う　】か。

（例）	どこでパンを買いました

（96）

田中：明日の飲み会、行くのやめようかな。

吉川：【　１．　田中さん　→　２．　行く　→　３．　なら　】、私も行かないよ。

（97）

親から【　１．　もらう　→　２．　お金　→　３．　使う　】きってしまった。

（98）

Ａ：元気がないけど、何かあったの？

Ｂ：【　１．　会社　→　２．　遅刻する　→　３．　せい　】、部長に叱られたんだ。

（99）

風邪をひいてしまい、

【　１．　大切　→　２．　テスト　→　３．　欠席する　】ざるをえなかった。

（100）

詳しい【　１．　話　→　２．　聞く　→　３．　こと　】には、私には何も判断できない。

J.TEST

実用日本語検定

聴 解 試 験

1	写真問題	問題	1～10
2	聴読解問題	問題	11～20
3	応答問題	問題	21～40
4	会話・説明問題	問題	41～55

1 写真問題 （問題1〜10）

例題1→

れい1	●	②	③	④

（答えは解答用紙にマークしてください）

例題2→

れい2	①	②	●	④

（答えは解答用紙にマークしてください）

A 問題1
　 問題2

B 問題3
　問題4

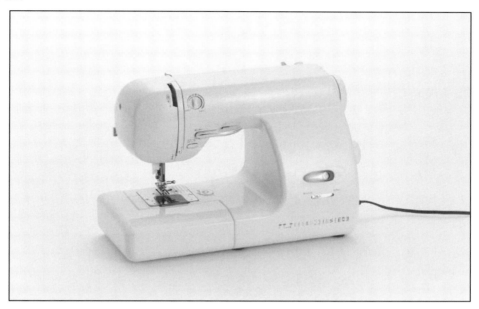

C 問題5
　問題6

D　問題7
　　問題8

E　問題9

F　問題10

2 聴読解問題 （問題11～20）

例題

例題1
例題2

① ② 株式会社ＧＫ出版

営業部
部長 吉 田 一 郎
YOSHIDA Ichiro

③ 〒130-0021 東京都墨田区緑×-×-× ④
TEL:03-3633-xxxx E-mail:yoshida@XX.jp

| 例題1→ | れい1 | ① | ● | ③ | ④ | （答えは解答用紙にマークしてください） |
| 例題2→ | れい2 | ① | ② | ● | ④ | （答えは解答用紙にマークしてください） |

G 問題11
問題12

H 問題13
　問題14

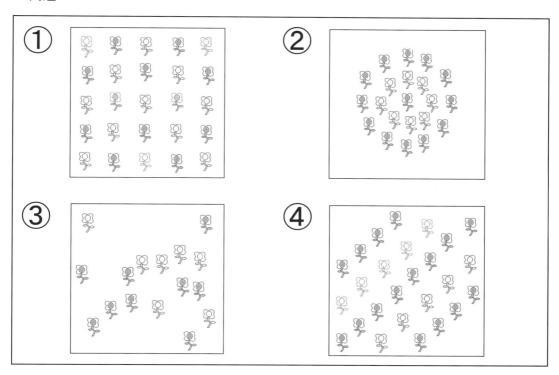

I 問題15
　問題16

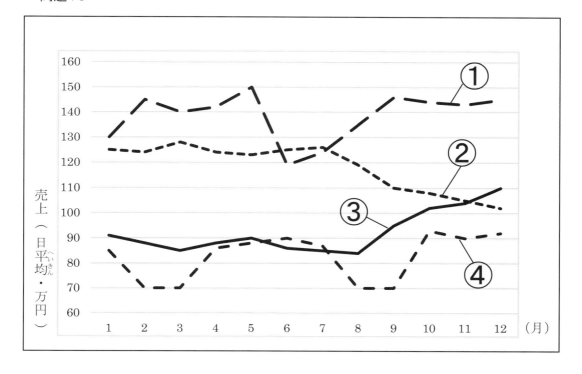

J   問題17

①	午前 9 時
②	午前 10 時
③	午後 1 時
④	午後 3 時

問題18

①	営業部の担当者
②	製造部の担当者
③	開発部の担当者
④	取引先の担当者

K   問題19
     問題20

入社までに行ったこと

1位	資格取得
2位	パソコンスキルの向上
3位	①
4位	②
5位	③
6位	④

3 応答問題 (問題21〜40)

(問題だけ聞いて答えてください。)

| 例題1 | → | れい1 | ● ② ③ | （答えは解答用紙にマークしてください） |
| 例題2 | → | れい2 | ① ● ③ | （答えは解答用紙にマークしてください） |

問題21

問題22

問題23

問題24

問題25

問題26

問題27

問題28

問題29

問題30

問題31

問題32

問題33

問題34

問題35

問題36

問題37

問題38

問題39

問題40

メモ (MEMO)

4 会話・説明問題 （問題41～55）

例題		
	1	資料のコピー
	2	資料のチェック
	3	資料の作成

れい ① ● ③　（答えは解答用紙にマークしてください）

1

問題41　1　女性を美容院に送る。
　　　　2　女性の髪を切る。
　　　　3　女性に髪を切ってもらう。

問題42　1　似合っていないと思っているから
　　　　2　友達に歳とって見えると言われたから
　　　　3　久しぶりに友達に会うから

2

問題43　1　スマートフォンの製造会社
　　　　2　大学の中
　　　　3　テレビ局のスタジオ

問題44　1　スマートフォンで情報を集めること
　　　　2　スマートフォンで試験問題を示すこと
　　　　3　スマートフォンで本人確認をすること

3

問題45　1　林さんが遅刻したこと
　　　　2　林さんが今日休んでいること
　　　　3　林さんがぎりぎりの時間に来たこと

問題46　1　会議に出席する。
　　　　2　報告書を書く。
　　　　3　女性に仕事を頼む。

問題47　1　廊下に何もなかったことを確認しているから
　　　　2　喫煙室に行った時に見たから
　　　　3　男性が喫煙室でメモしているのを見たから

問題48　1　喫煙室に行く。
　　　　2　机の上を片づける。
　　　　3　トイレに行く。

5

問題49　1　夜間に診療をしている病院
　　　　2　地域の住民と距離が近い病院
　　　　3　救急専門の病院

問題50　1　今の規模で病院を続ける。
　　　　2　歯科診療を開始する。
　　　　3　病院を移転する。

6

問題51　1　自分の希望に合った働き方ができること
　　　　2　同年代の人と一緒に働けること
　　　　3　希望すれば長期休暇が取れること

問題52　1　ボーナスが出ないこと
　　　　2　条件によっては正社員になれること
　　　　3　働ける期間が決まっていること

7

問題53　1　従業員に厳しくしたこと
　　　　2　ボーナスを減らしたこと
　　　　3　仕事がなくなったこと

問題54　1　売上を伸ばすこと
　　　　2　世界一になること
　　　　3　有名になること

問題55　1　社員が競争し合っている。
　　　　2　情報の共有がうまくいっている。
　　　　3　開発のスピードが早い。

終わり

実用日本語検定

TEST OF PRACTICAL JAPANESE

J.TEST

受験番号		氏　名	

注　意

1　試験が始まるまで、この問題用紙を開けないでください。

2　この問題用紙は、全部で４１ページあります。

日本語検定協会／Ｊ．ＴＥＳＴ事務局

J.TEST

実用日本語検定

読 解 試 験

1　文法・語彙問題　問題　（1）～（40）

2　読解問題　　　　問題　（41）～（60）

3　漢字問題　　　　問題　（61）～（90）

4　記述問題　　　　問題　（91）～（100）

1 文法・語彙問題

A　次の文の（　　　　）に１・２・３・４の中から最も適当な言葉を入れなさい。

（１）　携帯電話を忘れたので、連絡の（　　　　）ようがない。
　　　　　1　し　　　　　　　2　する　　　　　　3　して　　　　　4　した

（２）　この会社の社員食堂は、味（　　　　）、安い。
　　　　　1　を契機に　　　2　につき　　　　3　はともかく　　4　にとって

（３）　採れ（　　　　）の野菜を使って料理する。
　　　　　1　かけ　　　　　2　たて　　　　　　3　気味　　　　　4　加減

（４）　嘘ばかりつく人に褒められても、（　　　　）もなんともない。
　　　　　1　嬉し　　　　　2　嬉しい　　　　　3　嬉しく　　　　4　嬉しかった

（５）　彼のけがは（　　　　）ほどのことではない。
　　　　　1　心配　　　　　2　心配する　　　　3　心配して　　　4　心配しない

（６）　最近、若い人達の考え方が変わり（　　　　）。
　　　　　1　ぬく　　　　　2　がたい　　　　　3　つつある　　　4　かねる

（７）　Ａ：「一人で荷物を運ぶのが、どんなに大変だった（　　　　）」
　　　　　Ｂ：「手伝えなくてごめんね」
　　　　　1　ことか　　　　2　ものを　　　　　3　までだ　　　　4　ようだ

（８）　祖父は海外（　　　　）おろか、国内旅行さえしたことがない。
　　　　　1　に　　　　　　2　を　　　　　　　3　で　　　　　　4　は

（９）　そのような些細なことは、社長に（　　　　）には及ばない。
　　　　　1　報告する　　　2　報告した　　　　3　報告しよう　　4　報告せず

（10）　彼女の話を信じた人は、誰一人（　　　　）いなかった。
　　　　　1　にせよ　　　　2　といった　　　　3　として　　　　4　にしろ

（11）　在宅勤務なら、仕事の合間（　　　　）家事をすることができる。
　　　　　1　を　　　　　　2　に　　　　　　　3　が　　　　　　4　から

(12) あの人に（　　　）くらいなら、自分でやったほうがましだ。
    1　頼み　　　　　　2　頼んだ　　　　　3　頼む　　　　　　4　頼まない

(13) 失敗について謝ろう（　　　）、彼女は電話にすら出てくれなかった。
    1　とか　　　　　　2　とも　　　　　　3　にて　　　　　　4　にも

(14) 両親が留守なのをいい（　　　）に、一日中ゲームをしていた。
    1　ところ　　　　　2　とき　　　　　　3　こと　　　　　　4　ほど

(15) この作品は国内（　　　）、海外でも人気が高い。
    1　にひきかえ　　　2　なりとも　　　　3　とはいえ　　　　4　にとどまらず

(16) A：「チームの様子はどうですか」
    B：「私達みんな、（　　　）よ。もう動けません」
    1　疲れるに決まっています　　　　　　2　疲れきっています
    3　疲れたとたんです　　　　　　　　　4　疲れたとは限らないです

(17) 小林：「橋本さん、ジョギングを始めるそうですね」
    橋本：「ええ、でも靴は（　　　）、まだ一度も走っていないんです」
    1　買ったことだし　　　　　　　　　2　買いもしないで
    3　買ったばかりに　　　　　　　　　4　買ったものの

(18) 患者：「先生、お酒は飲んでもいいでしょうか」
    医者：「ええ、少しなら（　　　）」
    1　飲んでもさしつかえないです　　　　2　飲むに越したことはないです
    3　飲んだに相違ないでしょう　　　　　4　飲んでいるのではあるまいか

(19) 父：「隆はずっと部屋にいるのか」
    母：「ええ、（　　　）、部屋に閉じこもって出てこないのよ」
    1　帰って来るに至って　　　　　　　2　帰って来るともなく
    3　帰って来るなり　　　　　　　　　4　帰って来ないまでも

(20) 渡辺：「三浦君、なかなか仕事を覚えないらしいね」
    中村：「うん。（　　　）ミスをするんだ」
    1　説明した手前　　　　　　　　　　2　説明せんがため
    3　説明したと思いきや　　　　　　　4　説明したそばから

B　次の文の（　　）に1・2・3・4の中から最も適当な言葉を入れなさい。

(21)　知っていることを（　　）話してほしい。
　　　1　平気に　　　　2　新鮮に　　　　3　派手に　　　　4　正直に

(22)　橋が（　　）、隣の町に行きやすくなった。
　　　1　成立して　　　2　建築して　　　3　完成して　　　4　独立して

(23)　大きな仕事が終わって、（　　）疲れが出た。
　　　1　すっと　　　　2　じっと　　　　3　ざっと　　　　4　どっと

(24)　ラーメンは好きだが、毎日食べていたら、（　　）しまった。
　　　1　負って　　　　2　扱って　　　　3　飽きて　　　　4　あふれて

(25)　食事中に本を読むのは（　　）が悪いですよ。
　　　1　賞品　　　　　2　行儀　　　　　3　寿命　　　　　4　模様

(26)　私の失敗を知った社長は、（　　）目でこちらをにらんだ。
　　　1　やかましい　　2　恐ろしい　　　3　貧しい　　　　4　みっともない

(27)　社会に出て、理想と現実の（　　）を痛感している。
　　　1　ジャンル　　　2　アレンジ　　　3　ギャップ　　　4　スタジオ

(28)　今日の昼食は同僚に（　　）もらった。
　　　1　収まって　　　2　抱いて　　　　3　うながして　　4　おごって

(29)　外に出ると、（　　）よい風が吹いていた。
　　　1　心地　　　　　2　心掛け　　　　3　心得　　　　　4　志

(30)　結婚相手について、他人に（　　）言われたくない。
　　　1　おもむろに　　2　とやかく　　　3　たかだか　　　4　ひとえに

C　次の文の＿＿＿の意味に最も近いものを１・２・３・４の中から選びなさい。

(31)　この映画は<u>女性向けだ</u>。
　　　１　女性が作った　　　　　　　　　２　女性のために作られた
　　　３　女性は苦手だ　　　　　　　　　４　女性に人気だ

(32)　最近、ちょっとしたことで<u>腹が立って</u>しまう。
　　　１　疲れて　　　　　　　　　　　　２　怒って
　　　３　おなかが痛くなって　　　　　　４　泣いて

(33)　この部屋は<u>眺めがいい</u>。
　　　１　広い　　　　　２　きれいだ　　　　３　景色がいい　　　４　空気がいい

(34)　試験の結果は<u>比較的</u>良かった。
　　　１　割と　　　　　２　かなり　　　　　３　珍しく　　　　　４　意外と

(35)　ボールを<u>放った</u>。
　　　１　使った　　　　２　投げた　　　　　３　買った　　　　　４　捨てた

(36)　今日は<u>慌ただしい</u>一日だった。
　　　１　つらい　　　　２　静かな　　　　　３　暇な　　　　　　４　忙しい

(37)　部下の話を聞いて、<u>ほっとした</u>。
　　　１　驚いた　　　　２　安心した　　　　３　不満だった　　　４　納得した

(38)　<u>家族の反対をよそに</u>、彼は会社を辞めた。
　　　１　家族が反対しなかったので　　　２　家族の反対に反発して
　　　３　家族が反対する前に　　　　　４　家族の反対を無視して

(39)　多くの選手が国際大会を<u>ボイコットした</u>。
　　　１　に参加しなかった　　　　　　２　を目指していた
　　　３　で有名になった　　　　　　　４　で負傷した

(40)　同僚と<u>取るに足らない</u>話をした。
　　　１　たわいない　　２　かみ合わない　３　有意義な　　　　４　腹を割って

2 読解問題

問題 1

次のメールを読んで問題に答えなさい。
答えは1・2・3・4の中から最も適当なものを1つ選びなさい。

2021/09/27　13:56

件名：年末のイベントについて

営業部各位

お疲れ様です。水谷です。
営業1課の山田君より下記の情報がありました。

情報元：広告関係者
内容　　：ハヤシデパートが12月1日より3週間、年末のセールを行う。
　　　　　毎週末2日間は歌手が来て駐車場のステージでコンサートを行う。

ハヤシデパートにかなりのお客さんが集まると思います。
当社も同じ時期にイベントを行う予定なので、負けないように工夫しなければなりません。
イベントで何を行うか、来週の会議で話し合います。
一人ずつアイデアを発表してもらいますので、考えておいてください。
また、関係する資料があれば、準備しておいてください。

会議日時：10月1日（金）　15：00〜
場所　　：会議室B

よろしくお願いします。

（41）　水谷さんは、来週の会議で何をすると言っていますか。

　　　1　イベントを行うかどうか決める。

　　　2　イベントの時期を決める。

　　　3　イベントに歌手を呼ぶ方法を考える。

　　　4　イベントの内容を考える。

（42）　ハヤシデパートについて、メールの内容と合っているのはどれですか。

　　　1　12月1日から3週間、コンサートを行う。

　　　2　12月中は毎日セールを行う。

　　　3　歌手が来るのは土曜日と日曜日である。

　　　4　ステージでセールを行う。

問題　2

次のメールを読んで問題に答えなさい。
答えは１・２・３・４の中から最も適当なものを１つ選びなさい。

2021/09/17　10:11

件名：「AC-670」納期遅延のお詫び

日本技術商会　大塚様

いつも大変お世話になっております。
フジ工業営業部の奥野将司でございます。

弊社商品「AC-670」の納期遅延の件、大変ご迷惑をお掛けし、誠に申し訳なく
心よりお詫び申し上げます。
先日の台風４号の影響で部品の調達に遅れが生じ、必要部品が弊社工場に到着
しておりませんでしたが、明日、到着予定との連絡が入りました。到着次第、
至急生産を再開しますと、９月29日にはお届けできる見通しでございます。
本来予定していた納期より１週間遅れてしまうこととなりますが、今しばらく
お待ちいただけますでしょうか。

大変申し訳ございませんが、何とぞよろしくお願い申し上げます。
また改めて近日中にお詫びに伺いたいと存じます。
メールにて恐縮ではございますが、取り急ぎお詫び申し上げます。

フジ工業営業部
奥野将司

---

(43) 納期が遅れる理由は何ですか。
   1 台風でフジ工業の工場が被害を受けたから
   2 必要な部品がフジ工業の工場に届いていないから
   3 商品に問題があることがわかったから
   4 台風で部品会社が被害を受けたから

(44) 最初に予定していた納期はいつでしたか。
   1 ９月10日頃
   2 ９月17日頃
   3 ９月22日頃
   4 ９月29日頃

問題 3

次の文書を読んで問題に答えなさい。
答えは１・２・３・４の中から最も適当なものを１つ選びなさい。

2021 年 4 月 7 日

男性社員各位

総務部　中村

定期健康診断実施のお知らせ

下記の通り、定期健康診断を実施いたしますので、お知らせします。

記

1．日時　　　　2021 年 4 月 20 日（火）　10 時〜12 時
2．場所　　　　本社 2 号館
3．実施項目　　身長・体重測定、血圧測定、視力・聴力検査、血液検査、
　　　　　　　　内科検診、胸部レントゲン撮影、尿検査
4．対象者　　　男性社員

【注意】
・配布済みの問診票に必要事項を記入の上、当日、持参してください。
・当日は着脱しやすい服装で出社してください。
・普段、めがねやコンタクトレンズをしている方は、つけたまま視力検査を行います。当日、忘れないようにしてください。
・前日の夕食は 21 時までに済ませ、それ以降は食事しないでください。ただし、薬や水はかまいません。

なお、業務の都合で受診できない方、当日体調が悪く受診できなかった方は、市内の病院で 5 月中に受診していただくことになります。予約は総務部で取りますので、ご希望の日時を 4 月末までに中村にご連絡ください。

以上

(45) 健康診断を受ける人は、当日の朝、何をしておかなければなりませんか。
　　1　コンタクトレンズを外しておく。
　　2　着替えやすい服を着ておく。
　　3　総務部で問診票を受け取っておく。
　　4　朝食をしっかり食べておく。

(46) 4月20日に受診できない人は、どうしますか。
　　1　5月中の都合のいい日時を4月末までに総務部に伝える。
　　2　問診票に記入して4月末までに総務部に持参する。
　　3　自分で市内の病院を予約して5月中に受診する。
　　4　自分が住んでいる市が実施している健康診断を受診する。

問題　4

次の文書を読んで問題に答えなさい。
答えは１・２・３・４の中から最も適当なものを１つ選びなさい。

令和３年９月15日

関係者各位

株式会社みどり産業
東京都千代田区○○３－２－１
代表取締役社長　黒田功

　謹啓　貴社ますますご盛栄のこととお喜び申し上げます。
平素は格別のお引き立てに預かり、厚く御礼申し上げます。
　さて、弊社はかねてより北海道、東日本、西日本の３ブロック制を取り、
日本全国に事業を展開してまいりましたが、このたび、九州地区における事
業拡大を目的として、全額出資子会社「株式会社みどり産業九州」を設立い
たしました。
　弊社同様のお引き立てを賜りますよう、お願い申し上げますとともに、業
務契約等の変更が必要となり、皆様にお手数をお掛けいたしますことをお詫
び申し上げます。
　まずは略儀ながら書中をもってご挨拶申し上げます。

謹白

記

新会社名　株式会社みどり産業九州
設立日　　令和３年９月１日
代表者　　松本昇
所在地　　福岡県福岡市中央区○○　１－２－XX
資本金　　9,000万円

以上

　ご不明な点やご質問がございましたら、下記お問い合わせ先にご連絡いた
だきますようお願い申し上げます。

【お問い合わせ　092-732-89XX】

(47)　この文書は何のために送られましたか。
　　　1　会社名の変更を知らせるため
　　　2　関係会社を立ち上げたことを知らせるため
　　　3　社長の交代を知らせるため
　　　4　九州地区への移転を知らせるため

(48)　「株式会社みどり産業」について、文書の内容と合っているのはどれですか。
　　　1　全国を3つの地区に分け、事業を行っていた。
　　　2　子会社設立のため、出資者を募集している。
　　　3　今後は九州地区でのみ事業を行うことにした。
　　　4　「株式会社みどり産業九州」との契約を解消した。

問題　5

次の文章を読んで問題に答えなさい。
答えは１・２・３・４の中から最も適当なものを１つ選びなさい。

　仕事のしかたについては、口で説明するよりも、行動で示したほうがわかりやすいものもある。だから上司や先輩は、部下や後輩の目の前で、まずは自分が実践してみせて手本を示すという、「背中で語る」コミュニケーションも大切にすべきだ。

　たとえば私は、状況と時間が許す限り、商談にも関係者との食事や飲み会にも、部下や後輩を連れていく。フォーマルな席からインフォーマルな席まで、そこでどう行動すべきかをそばで見て学んでほしいからだ。

　と同時に、きちんと挨拶することや、縁を感じた人に手紙を出すことなど、自分が大事にしている行動原則については、それがどれほどの意味をもつかを、ことあるごとに部下や後輩にしつこく、しつこく言い続けている。

（藤巻幸夫『特別講義　コミュニケーション学』実業之日本社より一部改）

---

(49)　筆者について、文章の内容と合っているのはどれですか。

1　部下や後輩にきちんと説明した上で仕事をさせている。

2　まずは部下や後輩の好きなように仕事をさせる。

3　酒を飲みながらの商談には一人で行くようにしている。

4　自分の行動を見せることで、部下や後輩に仕事のやり方を学ばせている。

問題　6

次の文章を読んで問題に答えなさい。
答えは１・２・３・４の中から最も適当なものを１つ選びなさい。

　　自分が関心を持っていることを整理していくことは大切ですが、先にも述べた通り、いくら自分の思考から何かを取り出そうとしても、多くの人に圧倒的に足りていないのがインプットです。

　　インプットをせずに、頭の中身だけひねくり回しても、大した考えは生まれません。

　　インプットの際に大切なのは、「自分の予定調和」を揺さぶられるような新しい何かとの出会いです。

　　自分の日々の思考の^{（＊１）}ループの外側に飛び出る体験をしていかなければ、普段の自分の思考を^{（＊２）}俯瞰してとらえることはできません。

（＊１）ループ…繰り返し
（＊２）俯瞰して…広い視野で全体を見て

　　　　　　（山口謠司『頭の中を「言葉」にしてうまく伝える。』ワニブックスより一部改）

(50)　　筆者によると、「自分の日々の思考のループの外側に飛び出る」とは、
　　　　例えばどんなことですか。
　　　1　自分が関心を持っていることを整理すること
　　　2　自分に足りないことを考えること
　　　3　日常の生活を見直すこと
　　　4　日常の思考が刺激されるようなことをすること

問題　7

次の文章を読んで問題に答えなさい。
答えは１・２・３・４の中から最も適当なものを１つ選びなさい。

　（＊）方法論的個人主義のいう「自分自身のことだけを考えている」というのと、多くの人が考える「自分自身のことだけを考えている」という用語法の間には、微妙なずれがあります。

　「人類の幸せは自身の幸福でもある。だから人類みんなに幸せになってほしい」という人がいたとしましょう。経済学者はその人のことを利己的だと言います。

　つまり、「人類がみんな幸せだったら、自分も幸せに感じる。だから人類みんなに幸せになってほしい」——それは自分のことを考えていることだと、考えるわけです。ちょっとまわりくどいんですが、そのように自分自身の満足度だけを考えている、という出発点を使います。

（＊）方法論的個人主義…経済学的考え方の前提の一つ

（飯田泰之　他『日本を変える「知」』光文社より一部改）

---

(51) 筆者は、経済学者の考える「利己的」とはどのようなものだと言っていますか。

1　他人の満足が自己の満足になるという理由で他人の満足を願うのは、利己的なことである。

2　自己の利益よりむしろ他者の利益を願うのは、利己的なことである。

3　自己の利益を他者に分配しないことを利己的という。

4　自己の利益のみに関心を持ち、全体の利益について無関心であることを利己的という。

———— このページには問題はありません。————

問題　8

次のページの案内を読んで問題に答えなさい。

答えは１・２・３・４の中から最も適当なものを１つ選びなさい。

---

(52) 会社員で32歳の佐藤さんは、平日は仕事で帰りが遅いので、週末のどちらかに利用する
　　 つもりです。料金は安いほうがいいです。どのプランがいいですか。

　　 1　レギュラープラン

　　 2　夜・土日祝日プラン

　　 3　週１回プラン

　　 4　若者応援プラン

(53) 59歳のシュウさんは、利用できる曜日や時間、回数が決まっていないプランに申し込む
　　 つもりです。妻がすでにABAスポーツクラブの会員です。シュウさんが１か月目に支払
　　 う金額はどのようになりますか。

　　 1　9,000円

　　 2　10,000円

　　 3　11,200円

　　 4　12,200円

ABA スポーツクラブ　料金プラン

プラン名	月額利用料	ご利用可能な 曜日・時間・回数
レギュラープラン	10,000 円	いつでも何回でもご利用いただけます
夜・土日祝日プラン	8,000 円	平日17時以降と、土・日・祝日に、何回でもご利用いただけます。
週1回プラン	6,500 円	1週間に1回、いつでもご利用いただけます。
シニア応援プラン ※60歳以上の方が対象	7,500 円	いつでも何回でもご利用いただけます。
若者応援プラン ※30歳未満の方が対象	6,200 円	平日17時以降と、土・日・祝日に、何回でもご利用いただけます。

★会員登録料

ご入会手続き時、登録料 2,200 円が必要となります。

★家族割引

ご家族で同時にお申し込み、または、会員のご家族の方が新たにお申し込みする場合は、2人目から会員登録料が無料になります。また、2人目からすべてのプランの月額利用料が10%引きになります。

1回利用料金のご案内		こんな方に！
非会員	会員登録することなく、1回 2,500 円でご利用いただけます。	・続けられるか不安な方 ・利用回数は少なくていいとお考えの方
会員	ご利用可能な曜日・時間・回数を超えた場合、1回 2,000 円でご利用いただけます。	・プランのご利用可能な曜日・時間・回数以外にもご利用を希望される方

問題　9

次の文章を読んで問題に答えなさい。
答えは１・２・３・４の中から最も適当なものを１つ選びなさい。

　（＊1）ＡＮＡホールディングス（HD）は、温暖化ガスの排出量を大幅に削減できる再生燃料「ＳＡＦ」の国産化に乗り出す。海外などの製造事業者に対し、日本での製造に向けた働きかけを始めた。ＳＡＦの導入などを柱に 2050 年にグループの航空機運航で発生する二酸化炭素（CO_2）排出量の実質ゼロを目指す。

　ＳＡＦは「持続可能な航空燃料」と呼ばれる再生燃料の一つで、廃食油や生ごみなどからつくる。原材料の収集や生産、燃料までのCO_2排出量が少ないジェット燃料で航空機運航の低炭素化に欠かせない。

　通常のジェット燃料に比べて価格は２〜４倍と高く、大量生産して調達するインフラ整備が欠かせない。航空燃料の脱炭素の切り札となるが、日本には製造事業者がおらず、安定調達が難しい。

　ＡＮＡＨＤは26日に発表した環境計画の柱として盛り込んだ。ＳＡＦの活用に加え、燃費性能に優れた機材の導入や排出枠取引も進める。近い将来の国産ＳＡＦの導入を想定しており、実現すれば日本の航空会社で初となる。

　ＡＮＡＨＤは製造事業者に対し、国内製造に向けた働きかけを始めた。19 年にＳＡＦの製造を手掛ける（＊2）米ランザテック、20 年にはフィンランドのネステと提携している。提携先との協業も活用する。

（＊1）ＡＮＡホールディングス…大手航空会社ＡＮＡの持ち株会社、ＡＮＡＨＤ
（＊2）米…アメリカ

（「日本経済新聞」2021 年 4 月 27 日付より一部改）

（54）　ＡＮＡＨＤの環境計画として、ＳＡＦの導入以外に何を行うと言っていますか。

1　燃費のいい機材を利用すること

2　国内の再生燃料の製造事業者と取引を開始すること

3　二酸化炭素排出削減のため、国内路線の便数を見直すこと

4　収益の一部で環境保護活動を行うこと

（55）　ＡＮＡＨＤは、現在抱えているＳＡＦの問題点を解消するために、今後何をすると言っていますか。

1　廃食油や生ごみの廃棄量を減らす。

2　ＳＡＦの海外からの輸入量を増加する。

3　ＳＡＦの国内での製造、調達を目指す。

4　通常の燃料に混合するＳＡＦの割合を変える。

問題　10

次の文章を読んで問題に答えなさい。
答えは１・２・３・４の中から最も適当なものを１つ選びなさい。

　人のつくった知識をありがたがって丸覚えするというのは、子どもの時はしかたない
ことだが、いつまでも自分自身の力で考えられなければ、人間としてこの世に生まれて
きた意味は小さい。

　では、人間が自分の頭で考えるようになるためには何が必要か。

　まず体を動かすということ。そしてもうひとつは、不幸とか、貧困とか、失敗とか、
そういう辛い境遇から逃げないことだ。

　困難な状況の中にいないと、頭は必死になって考えることをしない。美味しいものを
食べ、快適な生活をして、いい学校に通って、いい成績を上げているうちは、ものを考
えるチャンスが少ない。例えば、家が貧しくて、どうもこのままでは大学に行けないか
もしれないという状況に直面したとする。そこで本当に力がある人は、どうすればいい
かということを本気で考える。金持ちのお坊ちゃんがヘラヘラしている間に、ものすご
い苦労をして人間力もつける。

　苦労や失敗が少ないというのは幸せなことではある。しかし、幸せは、人間を育てる
のにプラスにはたらくことはすくない。不幸や災難がやってきた時にこそ、人間は自分
の中の眠っている力が目を覚まし、大きなことをするようになる。

　　　　（外山滋比古「知ること、考えること」
　　　　『何のために「学ぶ」のか〈中学生からの大学講義〉１』筑摩書房より一部改）

---

(56) 下線部「辛い境遇から逃げないことだ」とありますが、その理由は何ですか。

　　1　どんな状況でも動ける行動力がつくから

　　2　自分自身の力で考えられるようになるチャンスだから

　　3　いい学校に入って、いい成績が取れるようになるから

　　4　誰でも一度は体験することだから

(57) 文章の内容と合っているのはどれですか。

　　1　貧しい家庭の子供は進学を諦めることが多い。

　　2　大人になると、知識の丸覚えができなくなる。

　　3　困難を経験した人ほど、人間力を身につける機会がある。

　　4　人は、苦労や失敗が少なければ少ないほど、幸せになることができる。

問題　１１

次の文章を読んで問題に答えなさい。
答えは１・２・３・４の中から最も適当なものを１つ選びなさい。

価値観さえ確立していれば、「何をチョイスするか」で惑わされることはありません。だから、いつでも自分が主役。それが(*)つくし世代です。

生き方も、若者が主体的に選べるようになりました。昔なら「これは知っておかなければならない」とか「好き嫌い無く全部覚えないと良い学校に進学できないし、良い企業に就職できない。幸せな家庭を築けないよ」などと、親世代から一つの生き方を押しつけられることが多々ありました。

（…中略…）

「20 代後半で結婚し、30 代で子供が二人いて……」というかつての理想の家庭像も、いまでは数多ある選択肢の一つにすぎません。選ぼうと思えば、どのような生き方も選びとることができる。それも価値観が確立し、「何をしたいのか」はっきりしていればこそです。

そして付き合う人間も選べるという点も大きい。一期一会という言葉があるように、かつては「せっかく会ったんだから、一生の縁として大事にしたい」という考え方が根強くありました。しかし、今どきそんなことをしていたら、きりがありません。何しろ、ＳＮＳを通じて日本どころか世界中の人とつながることができるのです。いちいち義理人情を大切にしていたら、いくら時間があっても付き合いきれません。（　Ａ　）若者は「この人は１回会ってみたけれど、どうでもいい人」「この人は大事な人」と、「付き合う人を選別する」傾向が強まっています。

（＊）つくし世代…筆者が作った言葉で、現代の若者世代

（藤本耕平『「つくす」若者が「つくる」新しい社会
──新しい若者の「希望と行動」を読む』ＫＫベストセラーズより一部改）

(58) 下線部「そんなこと」とは、どんなことですか。
　　　1　出会った人すべてとの関係を大切にすること
　　　2　付き合う人間を自分自身で選ぶこと
　　　3　世界中の人とSNSを通じて知り合うこと
　　　4　実際に会ってから、付き合うかどうか決めること

(59) （　A　）に入る言葉はどれですか。
　　　1　けれども
　　　2　そのため
　　　3　そもそも
　　　4　ともあれ

(60) 文章の内容と合っているのはどれですか。
　　　1　今の社会においては、理想の家庭像が確立している。
　　　2　今は生き方の選択肢が広がった一方、若者はその選択に苦しんでいる。
　　　3　今の若者は、自分の価値観に合った生き方を自分で決められる。
　　　4　今の若者は、付き合う人は多いほどよいと考える傾向にある。

3　漢字問題

A　次のひらがなの漢字をそれぞれ１・２・３・４の中から１つ選びなさい。

(61)　部屋がきたない。
1　汚い　　　　　2　怖い　　　　　3　厚い　　　　　4　煙い

(62)　子供がデパートでまいごになった。
1　息子　　　　　2　迷子　　　　　3　菓子　　　　　4　双子

(63)　この道は、はばが狭い。
1　幅　　　　　　2　富　　　　　　3　港　　　　　　4　肌

(64)　栓をぬいてください。
1　抜いて　　　　2　招いて　　　　3　巻いて　　　　4　頂いて

(65)　母にかびんをプレゼントした。
1　花便　　　　　2　缶詰　　　　　3　瓶詰　　　　　4　花瓶

(66)　皆で彼の結婚をいわってあげよう。
1　補って　　　　2　塗って　　　　3　祝って　　　　4　凍って

(67)　きけんだから、近づかないでください。
1　世間　　　　　2　危険　　　　　3　真剣　　　　　4　貴重

(68)　彼女の行動をべんごするつもりはない。
1　介護　　　　　2　弁解　　　　　3　弁護　　　　　4　保護

(69)　私は彼をうらまない。
1　踏まない　　　2　羨まない　　　3　恨まない　　　4　妬まない

(70)　社長の指示をあおぐ。
1　嘆ぐ　　　　　2　偏ぐ　　　　　3　劣ぐ　　　　　4　仰ぐ

(71) 決定事項に<u>いろん</u>はない。
　　　1　異存　　　　　2　委託　　　　　3　異論　　　　　4　依然

(72) あの<u>おか</u>を越えれば、海が見えますよ。
　　　1　倉　　　　　　2　堀　　　　　　3　壁　　　　　　4　丘

(73) <u>たいくつ</u>で寝てしまった。
　　　1　凡庸　　　　　2　退屈　　　　　3　冗句　　　　　4　怠惰

(74) 道路が<u>ふうさ</u>されている。
　　　1　封鎖　　　　　2　蓄積　　　　　3　占領　　　　　4　控除

(75) 恋人に会えなくて<u>さびしい</u>。
　　　1　寂しい　　　　2　怪しい　　　　3　惜しい　　　　4　芳しい

B　次の漢字の読み方を例のようにひらがなで書いてください。

・ひらがなは、<u>正しく、ていねいに</u>書いてください。

・<u>漢字の読み方だけ</u>書いてください。

（例）　はやく<u>書</u>いてください。

（例）	か

---

(76)　子供が<u>雪</u>で<u>遊</u>んでいる。

(77)　川で<u>石</u>を<u>拾</u>った。

(78)　<u>机</u>の上をきれいにしたほうがいいですよ。

(79)　私の<u>趣味</u>は車の<u>改造</u>をすることだ。

(80)　これは何の<u>香</u>りですか。

(81)　何かに<u>夢中</u>になることで、ストレスが解消できる。

(82)　日本で<u>柔道</u>を習いたい。

(83)　<u>批判</u>の声が高まる。

(84)　わが社では資格取得が<u>奨励</u>されている。

(85)　何度も<u>挑</u>み続けている。

(86)　会社の方針を全社員に<u>徹底</u>させる。

(87)　私は<u>幽霊</u>を見たことがある。

(88)　世の中は<u>矛盾</u>だらけだ。

(89)　ＩＴ関係の仕事に<u>就</u>く。

(90)　自分自身を<u>顧</u>みることが大切だ。

4 記述問題

A　例のように＿＿＿＿＿に適当な言葉を入れて文を作ってください。

> ・文字は、**正しく、ていねいに**書いてください。
> ・漢字で書くときは、**今の日本の漢字を正しく、ていねいに**書いてください。
>
> （例）　　きのう、＿＿＿＿＿＿＿＿でパンを＿＿＿＿＿＿＿＿。
> 　　　　　　　　　　　　（A）　　　　　　　　　　　　（B）
>
> | （例） | （A）　　　スーパー | （B）　　　買いました |
> |---|---|---|

(91) 昨日、急に雨が＿＿＿＿＿＿＿＿出して、靴も服も＿＿＿＿＿＿＿＿しまった。
　　　　　　　　　　　　　　　（A）　　　　　　　　　　　　　　　　　　（B）

(92) A：たとえ給料が＿＿＿＿＿＿＿＿も、働きやすい会社がいいね。
　　　　　　　　　　　　　　　（A）
　　　B：僕は違うよ。給料さえ＿＿＿＿＿＿＿＿ば、どんな会社でもいいんだ。
　　　　　　　　　　　　　　　　　　（B）

(93) （店で）

　　　A：店員さんに聞いたけど、この商品はもう＿＿＿＿＿＿＿＿きれだって。
　　　　　　　　　　　　　　　　　　　　　　　　　　（A）
　　　B：残念だね。じゃ、他の店を探す＿＿＿＿＿＿＿＿ないね。
　　　　　　　　　　　　　　　　　　　　（B）

(94) バスは、私が席に座るか＿＿＿＿＿＿＿＿かのうちに、＿＿＿＿＿＿＿＿した。
　　　　　　　　　　　　　　　（A）　　　　　　　　　　　　　（B）

(95) この会社では、年齢や性別を＿＿＿＿＿＿＿＿ず、広く＿＿＿＿＿＿＿＿を募集している。
　　　　　　　　　　　　　　　　（A）　　　　　　　　　（B）

B　例のように３つの言葉を全部使って、会話や文章に合う文を作ってください。

・【　　】の中の文だけ書いてください。
・1.→2.→3.の順に言葉を使ってください。
・言葉の＿＿の部分は、形を変えてもいいです。
・文字は、正しく、ていねいに書いてください。
・漢字で書くときは、今の日本の漢字を正しく、ていねいに書いてください。

（例）
きのう、【　1.　どこ　　→　2.　パン　　→　3.　買う　】か。

| （例） | どこでパンを買いました |

(96)

どうして【　1.　昨日　　→　2.　会社　→　3.　休む　】んですか。

(97)

夜はあぶないから、【　1.　暗い　→　2.　なる　→　3.　うち　】、
家に帰ったほうがいい。

(98)

Ａ：これ、お土産です。どうぞ。

Ｂ：いつもありがとうございます。
　　でも、【　1.　出張　→　2.　たび　→　3.　買う　】来なくてもいいですよ。

(99)

【　1.　社員数　→　2.　増加　→　3.　伴う　】、
オフィスを移転する必要が出てきた。

(100)

私はわからない言葉があると、
【　1.　すぐに　→　2.　意味　→　3.　調べる　】ではいられない。

J.TEST

実用日本語検定

1　写真問題　　　　問題　　1～10

2　聴読解問題　　　問題　11～20

3　応答問題　　　　問題　21～40

4　会話・説明問題　問題　41～55

1 写真問題 (問題1〜10)

A　問題1
　　問題2

B　　問題3
　　　問題4

C　　問題5
　　　問題6

D　問題7
　　問題8

E　問題9

F　問題10

2　聴読解問題 （問題11～20）

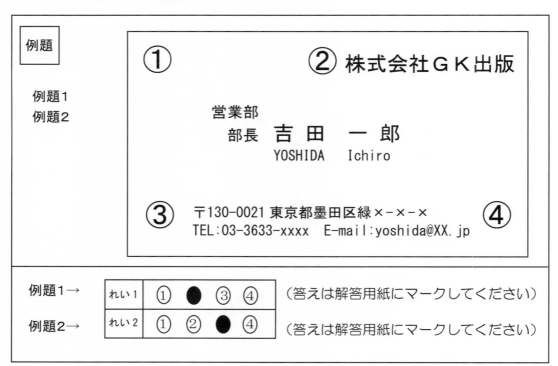

例題					
	①		② 株式会社ＧＫ出版		

例題1
例題2

営業部
　部長　吉田　一郎
　　　　YOSHIDA　Ichiro

③ 〒130-0021 東京都墨田区緑×-×-×
　TEL:03-3633-xxxx　E-mail:yoshida@XX.jp　④

例題1→	れい1	①	●	③	④	（答えは解答用紙にマークしてください）
例題2→	れい2	①	②	●	④	（答えは解答用紙にマークしてください）

G　問題11
　　問題12

① ② ③ ④

H　問題13

①	晴れ
②	くもり
③	雨
④	台風

問題14

①	山でのけが
②	電車の遅れ
③	強い風
④	高い波

I　問題15
　　問題16

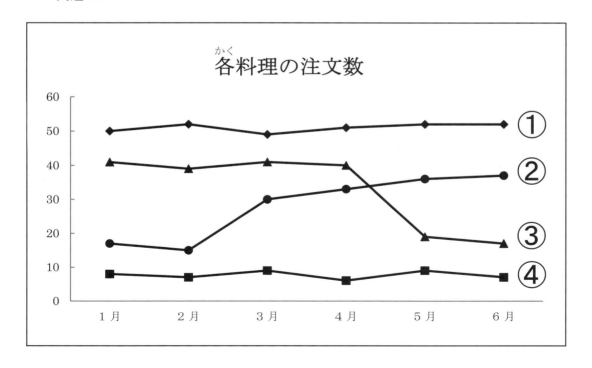

各料理の注文数

J　　問題17
　　　　問題18

項目 こうもく	当社	A社	B社	C社
①	◎	△	△	○
②	○	×	◎	○
③	△	◎	×	○
④	△	△	◎	○

◎　大変満足
○　満足
△　やや不満
×　不満

K　　問題19
　　　　問題20

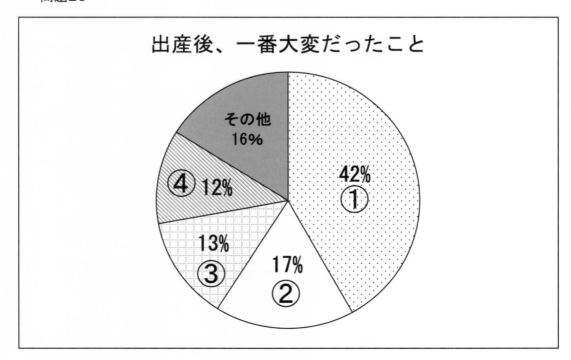

出産後、一番大変だったこと

その他 16%
④ 12%
13% ③
42% ①
17% ②

3 応答問題 (問題21〜40)

(問題だけ聞いて答えてください。)

例題1	→	れい1	●	②	③	（答えは解答用紙にマークしてください）
例題2	→	れい2	①	●	③	（答えは解答用紙にマークしてください）

問題21

問題22

問題23

問題24

問題25

問題26

問題27

問題28

問題29

問題30

問題31

問題32

問題33

問題34

問題35

問題36

問題37

問題38

問題39

問題40

メモ (MEMO)

4 会話・説明問題 (問題41～55)

例題	1	資料のコピー
	2	資料のチェック
	3	資料の作成

れい　①　●　③　　　（答えは解答用紙にマークしてください）

1

問題41　1　壊れたから
　　　　2　仕事用にもう１台必要だから
　　　　3　安く買えるから

問題42　1　土曜日
　　　　2　日曜日
　　　　3　来月

2

問題43　1　書類の提出が遅いこと
　　　　2　営業用の書類を忘れたこと
　　　　3　研修を欠席したこと

問題44　1　研修に参加する。
　　　　2　研修の資料を確認する。
　　　　3　書類を書き直す。

3

問題45　1　ボランティア活動の重要性
　　　　2　海岸清掃のやり方
　　　　3　学生との交流の楽しさ

問題46　1　好きな場所で活動してよい。
　　　　2　道具は借りられない。
　　　　3　高校生が参加している。

4

問題47　1　電話する。
　　　　2　アンケート用紙に記入し、郵送する。
　　　　3　ホームページでアンケートに回答する。

問題48　1　料理する。
　　　　2　食事する。
　　　　3　料理を注文する。

5

問題49　1　注文した商品をキャンセルしたいから
　　　　2　届いた商品が間違っていたから
　　　　3　注文した商品を変更したいから

問題50　1　女性にマンゴーの紅茶を届けに行く。
　　　　2　女性に桃の紅茶を送る。
　　　　3　女性に返金する。

6

問題51　1　上手に正確な情報が伝えられる人
　　　　2　伝えた情報を相手がどう理解したかがわかる人
　　　　3　声や表情で気持ちを伝えられる人

問題52　1　就職する前にコミュニケーション力を身につけておいたほうがいい。
　　　　2　コミュニケーション力が必要ない仕事が増加している。
　　　　3　仕事ができる人はコミュニケーション力が高い人が多い。

7

問題53　1　国が改革を推進しているため
　　　　2　優れた人材にアピールするため
　　　　3　離職率を下げるため

問題54　1　長時間労働の削減
　　　　2　有給休暇取得率の向上
　　　　3　男性の育児休業取得率の向上

問題55　1　定年の引き上げを行っている。
　　　　2　技術のあるベテラン社員が少ない。
　　　　3　中途採用者が多い。

終わり

実用日本語検定

TEST OF PRACTICAL JAPANESE

J.TEST

受験番号		氏　名	

注　意

1　試験が始まるまで、この問題用紙を開けないでください。

2　この問題用紙は、全部で４１ページあります。

日本語検定協会／Ｊ．ＴＥＳＴ事務局

J.TEST

実用日本語検定

読 解 試 験

1　文法・語彙問題　問題　（1）〜（40）

2　読解問題　　　　問題　（41）〜（60）

3　漢字問題　　　　問題　（61）〜（90）

4　記述問題　　　　問題　（91）〜（100）

1 文法・語彙問題

A 次の文の（　　　）に1・2・3・4の中から最も適当な言葉を入れなさい。

（1）　部長に誘われたからには、（　　　）わけにはいかない。
　　　　1　行かない　　　　2　行った　　　　　3　行かなかった　4　行けない

（2）　傘を持っていない日（　　　）限って、雨が降る。
　　　　1　は　　　　　　2　を　　　　　　　3　に　　　　　　4　と

（3）　中村さんは海外生活が（　　　）だけあって、英語が得意だ。
　　　　1　長い　　　　　　2　長くて　　　　　3　長さ　　　　　4　長く

（4）　リーさんはてんぷら（　　　）、様々な日本料理を作ることができる。
　　　　1　を抜きにして　　2　を問わず　　　　3　を始め　　　　4　を契機に

（5）　息子はほとんど勉強する（　　　）なく、試験に受かった。
　　　　1　もの　　　　　　2　こと　　　　　　3　はず　　　　　4　わけ

（6）　彼の自慢話は（　　　）にたえない。
　　　　1　聞いて　　　　　2　聞いた　　　　　3　聞く　　　　　4　聞かない

（7）　戻れる（　　　）子供の頃に戻りたい。
　　　　1　ものなら　　　　2　どころか　　　　3　次第で　　　　4　にしては

（8）　そのお菓子を食べ（　　　）が最後、止まらなくなるだろう。
　　　　1　始めた　　　　　2　始めて　　　　　3　始める　　　　4　始めよう

（9）　彼は営業部きって（　　　）話し上手だ。
　　　　1　に　　　　　　　2　で　　　　　　　3　の　　　　　　4　が

（10）　決勝戦（　　　）、応援にも力が入る。
　　　　1　ならでは　　　　2　と相まって　　　3　にかこつけて　4　ともなると

（11）　年を取ると、新しいものに興味を（　　　）きらいがある。
　　　　1　持たなくなる　　　　　　　　　　　2　持たなくなって
　　　　3　持たなくなり　　　　　　　　　　　4　持たなくなった

(12) 彼女は周りの非難を（　　　）ともせずに、新商品の開発に成功した。
    1　ため　　　　　　2　もの　　　　　　3　うち　　　　　　4　わけ

(13) 今年は最初から最後までいいこと（　　　）の1年だった。
    1　まみれ　　　　　2　ずくめ　　　　　3　あって　　　　　4　かたがた

(14) この少年の演奏はプロの音楽家（　　　）と言える。
    1　にもほどがある　　　　　　　　　2　にとどまらない
    3　にしのびない　　　　　　　　　　4　にもひけをとらない

(15) 親は子供のため（　　　）あれば、何でもする。
    1　が　　　　　　　2　に　　　　　　　3　も　　　　　　　4　と

(16) A：「お金持ちがうらやましいな」
    B：「お金って（　　　）、苦労も多いと思うよ」
    1　あったらあったで　　　　　　　　2　あったからといって
    3　あるだけでなく　　　　　　　　　4　ありがちだから

(17) 森本：「大変そうだね。関さんに手伝ってもらったら？」
    高橋：「彼に手伝ってもらうくらいなら、（　　　）よ。ミスも多いし」
    1　できっこない　　　　　　　　　　2　一人でしたほうがましだ
    3　やりがいがある　　　　　　　　　4　お願いしかねる

(18) A：「レポートの締め切り、明日だよね？」
    B：「（　　　）！　思い出させてくれてありがとう」
    1　忘れるところだった　　　　　　　2　提出してたまるか
    3　書かないとも限らない　　　　　　4　レポートは忘れがたい

(19) 部下：「課長にお電話があったんですが、お名前を聞き忘れてしまって…」
    課長：「え、困ったな。じゃ、（　　　）」
    1　連絡を取ろうにも取れないよ　　　2　連絡し放題だな
    3　連絡するはめになるな　　　　　　4　連絡されてはかなわないよ

(20) A：「見て、これ。素敵！　買おうかな」
    B：「よく考えなよ。そんなドレス、（　　　）着る機会なんてないでしょう」
    1　買った手前　　　　　　　　　　　2　買ったとあって
    3　買ったなりに　　　　　　　　　　4　買ったところで

B　次の文の（　　　）に１・２・３・４の中から最も適当な言葉を入れなさい。

(21)　たくさん運動して、服が（　　　）くさくなった。
　　　1　命　　　　　　2　息　　　　　　3　油　　　　　　4　汗

(22)　午後には雨が（　　　）でしょう。
　　　1　おちる　　　　2　なおる　　　　3　ひろう　　　　4　やむ

(23)　広い家に引っ越すので、新しい（　　　）を買いに行く予定だ。
　　　1　家具　　　　　2　帰宅　　　　　3　家事　　　　　4　座席

(24)　かばんの（　　　）が開いているよ。
　　　1　ファスナー　　2　リズム　　　　3　ボート　　　　4　ピン

(25)　この地方は一年中気候が（　　　）だ。
　　　1　穏やか　　　　2　生意気　　　　3　わがまま　　　4　豊か

(26)　駅まで全力で走ったので、（　　　）電車に間に合った。
　　　1　何かと　　　　2　どうせ　　　　3　いかにも　　　4　どうにか

(27)　旅行先では、行き先を決めずに街を（　　　）歩くのが好きだ。
　　　1　ちやほや　　　2　だぶだぶ　　　3　ぶらぶら　　　4　おどおど

(28)　議長は話し合いを結論へと（　　　）。
　　　1　交えた　　　　2　導いた　　　　3　案じた　　　　4　施した

(29)　その会議は社長の一言で（　　　）終わってしまった。
　　　1　いやらしく　　2　みっともなく　3　いやしく　　　4　あっけなく

(30)　政府の対策はすべて（　　　）に回っている。
　　　1　錯誤　　　　　2　背後　　　　　3　後手　　　　　4　交互

C　次の文の＿＿＿＿の意味に最も近いものを１・２・３・４の中から選びなさい。

(31)　あのビルは地震で倒れるおそれがある。
　　　１　倒れそうでこわい　　　　　　２　倒れるに違いない
　　　３　倒れるはずがない　　　　　　４　倒れるかもしれない

(32)　昨日は寝坊してしまった。
　　　１　朝から寝て　　２　昼寝して　　３　夜遅く寝て　　４　朝遅くまで寝て

(33)　そのことについては、とっくに知っている。
　　　１　なんとなく　　２　少しだけ　　３　詳しく　　４　すでに

(34)　チェンさんは和菓子に目がない。
　　　１　に興味がない　　２　に詳しい　　３　が大好きだ　　４　を全然知らない

(35)　現金での支払いを済ませた。
　　　１　認めた　　　　２　終わらせた　　３　待たせた　　４　断った

(36)　加藤さんはちょっとルーズなところがある。
　　　１　短気な　　　　２　だらしない　　３　ひきょうな　　４　なれなれしい

(37)　授業中、こそこそ漫画を読むな。
　　　１　人に気づかれないように　　　　２　ものすごいスピードで
　　　３　しょっちゅう　　　　　　　　　４　夢中になって

(38)　この絵は空の青と山の緑のコントラストがすばらしい。
　　　１　鮮やかさ　　２　選び方　　３　対比　　４　組み合わせ

(39)　煩わしいことはしたくない。
　　　１　当たり前の　　　　　　　　　２　面倒な
　　　３　決められた通りの　　　　　　４　目立つ

(40)　彼女のプレゼンは、聞きごたえがあった。
　　　１　聞くだけの価値があった　　　　２　聞いたことがあった
　　　３　聞いてもわからなかった　　　　４　聞いていられなかった

2　読解問題

問題　1

次のメールを読んで問題に答えなさい。
答えは１・２・３・４の中から最も適当なものを１つ選びなさい。

2021/11/09　09：07

関係者各位

お疲れさまです。
総務部の斉藤です。

11 月 12 日に予定しておりました部内ミーティングですが、
部長の福岡出張が決まったため、日時が変更となりました。

- 日時　　　変更前　　11 月 12 日（金）10：30〜12：00
　　　　　　　変更後　　11 月 16 日（火）15：00〜16：30
- 場所　　　第一会議室（変更なし）

急な変更ではありますが、各自スケジュールの調整をお願いいたします。
どうしても出席が難しい方がいらっしゃいましたら、
今日中に斉藤にお知らせください。
欠席者が多い場合は日時を再調整する場合がございます。
どうぞよろしくお願いいたします。

　　　********************************
　　　総務部：　斉藤　雄二
　　　　内線：　254

　　　********************************

(41)　11月16日のミーティングに出席できない人は何をしなければなりませんか。
　　　1　斉藤さんに連絡する。
　　　2　部長に相談する。
　　　3　代わりに、他の人に出席してもらう。
　　　4　11月12日のミーティングに参加する。

(42)　メールの内容と合っているのはどれですか。
　　　1　部長は、出張のため11月16日のミーティングを欠席する。
　　　2　欠席した人は、後日斉藤さんからミーティングの内容を聞く。
　　　3　出席する人は、明日までに斉藤さんに連絡する。
　　　4　ミーティングの日時は変わったが、場所は同じだ。

問題　2

次のメールを読んで問題に答えなさい。
答えは１・２・３・４の中から最も適当なものを１つ選びなさい。

2021/10/01　10:15

大森産業株式会社
香川義男様

お世話になっております。

さて、すでに文書にてご案内申し上げておりますが、取引各社様からの支払い条件等の変更につきまして、説明会がございます。
香川様より現時点でご出席のご連絡をいただいておりませんが、文書は届いておりますでしょうか。
下記のどちらかの日程にご出席いただけますと幸いでございます。
まずは、下記日程について出席の可否をお知らせください。
10月22日（金）　14時〜16時
10月28日（木）　10時〜12時
どちらも難しいということでしたら、ご相談ください。

先日、貴社よりゴルフ大会のご招待状をいただき、参加させていただくことになりました。当日、香川様とご一緒できることを楽しみにしております。

株式会社今西設備　営業部
古田純一
〒182-00××　東京都調布市○○町××-××
e-mail:furuta@imanishi.xx.jp
TEL：042-XXX-XXXX

----

(43) 古田さんが香川さんに頼んだことは何ですか。

　　1　ゴルフを教えてもらうこと

　　2　ゴルフ大会に参加するかどうか知らせてもらうこと

　　3　今西設備が行う説明会に出席できるかどうか知らせてもらうこと

　　4　説明したいことがあるので訪問させてもらうこと

(44) 今西設備は今後、何をする予定ですか。

　　1　大森産業との取引を開始する。

　　2　大森産業との契約内容を変更する。

　　3　大森産業との取引を中止する。

　　4　大森産業に説明会の案内状を送る。

問題　3

次の文書を読んで問題に答えなさい。
答えは１・２・３・４の中から最も適当なものを１つ選びなさい。

出 張 報 告 書

2021 年 11 月 1 日

営業部長殿

営業部　菊地真理子

　新商品「世界ラーメンの旅」シリーズのプロモーションのため、大阪へ出張致しましたので、下記の通りご報告致します。

記

１．出張先　　大阪府大阪市（北区、中央区、都島区）
２．期間　　　2021 年 10 月 27 日（水）～29 日（金）
３．目的　　　大阪府での「世界ラーメンの旅」シリーズプロモーション
４．行動報告　10 月 27 日（水）17：00 大阪着
　　　　　　　10 月 28 日（木）10：00 よりスーパー梅田にて打ち合わせ
　　　　　　　　　　　　　　　 14：00 より天神マーケットの店内見学と打ち合わせ
　　　　　　　10 月 29 日（金）10：00 より京橋タウンにて打ち合わせ
　　　　　　　　　　　　　　　 14：00 より昭和屋京橋店にて打ち合わせ
　　　　　　　　　　　　　　　 17：00 大阪発

【成果】
　店舗スタッフに実際に試食してもらうことによって、商品についてよく理解していただけた。今後店内でも消費者に対しての試食販売を行うことが決まった。

【所感】
　インスタント麺の購買層は若者よりもむしろ 50 代から 60 代が多いとの話だった。今後はこの年齢層をターゲットとする健康を意識した商品開発が必要となりそうだと感じた。

以上

（45） この出張^{しゅっちょう}について、文書の内容と合っているのはどれですか。

1　新商品開発のアイデアを集めることが目的であった。
2　店側との打ち合わせのみで、実際の店舗^{てんぽ}は見ていない。
3　店舗スタッフと消費者に試食をしてもらうことができた。
4　店舗スタッフから消費者に関する情報を得ることができた。

（46） これからの課題として挙^あげられていることは何ですか。

1　店頭ディスプレイの方法
2　50代から60代向けの商品開発
3　街中^{まちなか}での試食販売の方法
4　若者への宣伝^{せんでん}活動の方法

問題　4

次の文書を読んで問題に答えなさい。
答えは１・２・３・４の中から最も適当なものを１つ選びなさい。

令和３年10月27日

東北家電協会
理事長　井上一郎　殿

株式会社ワイドデンキ
広報部長　島田雪子

拝啓　益々ご隆昌のこととお慶び申し上げます。
　さて、先般お誘いいただきました「冬の省エネ家電フェア」への出展の件でございますが、残念ながら今年は出展を断念することとなりました。昨年に引き続きお誘いいただけましたことは、誠に光栄ではございますが、今年は広告予算削減のため２年連続の出展は難しく、お断りすることとなり、深くお詫び申し上げます。何とぞ弊社事情をお汲み取りいただきますよう宜しくお願いいたします。
　また、今回お断りしておきながら厚かましいお願いではございますが、今後も出展を希望しております。つきましては、来年以降もご案内をお送りいただけますと幸甚に存じます。
　なお、お預かりしました関係書類一式を同封いたしますのでご査収ください。
　昨年同様、イベントが盛況でありますことをお祈りしております。

敬具

(47)　下線部「弊社事情」とは何ですか。
　　　1　人材が不足していること
　　　2　予算が不足していること
　　　3　スケジュールが合わないこと
　　　4　経営方針が変わったこと

(48)　株式会社ワイドデンキについて、文書の内容と合っているのはどれですか。
　　　1　イベントへの出展はできないが、来場する予定である。
　　　2　東北家電協会から送られた書類は破棄する予定である。
　　　3　今後、このイベントに出展する予定がない。
　　　4　過去にこのイベントに出展したことがある。

問題　5

次の文章を読んで問題に答えなさい。
答えは１・２・３・４の中から最も適当なものを１つ選びなさい。

　小さいときにあまり本を読まずに、想像力が（＊１）欠如したまま大人になってしまうのは恐ろしいことだ。文字通りの意味がとれるならまだいいが、自分の（＊２）思い込みだけで読むようになったら、その間違いを決して自分では修正できなくなってしまう。だいたい自分勝手なことをそのまま書いただけでは、相手が時間をかけて読んでくれるはずがない。相手の立場から自分の文章を読んだらどう受け取るだろうか、という想像力が身について初めて、自分の真意を相手に伝えることができ、相手の心を動かすような文章が書けるようになるのだろう。

（＊１）欠如した…不十分な。足りない
（＊２）思い込み…勝手な見方。思い違い

（酒井邦嘉『脳を創る読書　なぜ「紙の本」が人にとって必要なのか』
実業之日本社より一部改）

（49）　筆者は想像力が十分でなければ、どうなると言っていますか。
　　　1　自分の伝えたいことが相手に伝わらなくなる。
　　　2　自分の書きたいことが自由に書けなくなる。
　　　3　文章の間違いに気づけなくなる。
　　　4　文章を読むのに時間がかかるようになる。

問題　6

次の文章を読んで問題に答えなさい。
答えは１・２・３・４の中から最も適当なものを１つ選びなさい。

　　もちろん、(＊1) ハーフの人たちや(＊2) 帰国子女のなかにも日本語と外国語の両方を(＊3) 縦横無尽に操る(＊4) 超一級の会議通訳者がいる。個人的な資質もさることながら、その人たちの言語習得史を尋ねてみると、<u>一つの共通点</u>が浮かび上がる。一定の年齢（八〜十歳ぐらい）に達するまでは、日本に生活拠点がある場合には、徹底的に日本語のみで(＊5) 意思疎通をはかる生活をしてきたというのだ。

　　これは、外国語学習にあたって、おおいに参考にすべき点だ。まず何はさておき母国語の能力を高めていくことは、外国語が上手く身につく可能性を開くことでもあるのだから。

（＊1）ハーフの人たち…ここでは、日本人と外国人の両親から生まれた人
（＊2）帰国子女…ここでは、長年外国に住み、日本に帰国した子供
（＊3）縦横無尽に…何不自由なく
（＊4）超一級の…大変優れている
（＊5）意思疎通をはかる…お互いに考えを伝える

（米原万里『不実な美女か貞淑な醜女か』新潮文庫刊より一部改）

---

(50)　筆者は、日本語と外国語の超一級の会議通訳者の「<u>一つの共通点</u>」とは何だと言っていますか。

　　1　両親のどちらかが外国人であること
　　2　母国語の能力が高いこと
　　3　子供のときに外国で生活していたこと
　　4　普段から外国語だけで話すようにしていること

問題　7

次の文章を読んで問題に答えなさい。
答えは1・2・3・4の中から最も適当なものを1つ選びなさい。

　　（＊1）国民生活センターは 12 日、保護者に無断でクレジットカード決済をするなど、小中高校生のオンラインゲーム利用を巡る相談が 2020 年度、全国で過去最多の 3723 件に上ったと発表した。（＊2）新型コロナウイルス禍で在宅時間が長くなり、トラブルが増えたとみられる。担当者は「保護者のアカウントで子どもに利用させないで」と注意を呼び掛けている。

　　センターによると、子どものゲーム利用を巡る相談件数は 16 年度に 1171 件となって以降、年々増加。ほとんどがゲーム内の「（＊3）課金」に関する内容で、保護者のアカウントでログインしたスマートフォンやゲーム機を使わせたケースが目立つ。

（＊1）国民生活センター…国民の生活を守るために、消費者からの相談を受けつけ
　　　　　　　　　　　　たり、情報を提供したりする機関
（＊2）新型コロナウイルス禍…新型コロナウイルスの感染拡大による危機的状況
（＊3）課金…ここでは、料金を払うこと

（「共同通信」2021 年 8 月 13 日配信より一部改）

(51)　　文章の内容と合っているのはどれですか。
　　1　子どもが親のアカウントを使ってゲームをしたことが原因となるトラブル
　　　の相談が増えている。
　　2　オンラインゲームの利用者同士のトラブルによる相談件数が、2020年度、
　　　過去最多となった。
　　3　スマートフォンを所有する小中高校生が急増している。
　　4　オンラインゲームをする時間が増えたことにより、子どもの勉強時間が
　　　減っている。

―――― このページには問題はありません。――――

問題　8

次のページの案内を読んで問題に答えなさい。
答えは１・２・３・４の中から最も適当なものを１つ選びなさい。

(52)　原フルーツ園は誰にこの案内を送っていますか。
　　　１　原フルーツ園のイベントに参加した人
　　　２　原フルーツ園の商品をインターネットで購入した人
　　　３　原フルーツ園に果物を買いに来た人
　　　４　原フルーツ園で果物の収穫体験をした人

(53)　この案内を持って11月中に原フルーツ園に行くと、どんな特典がありますか。
　　　１　割引クーポンがもらえる。
　　　２　無料で果物がもらえる。
　　　３　半額で入園できる。
　　　４　割引料金で買い物ができる。

原フルーツ園へようこそ！

この度は、原フルーツ園オンラインショップをご利用いただき、ありがとうございます。商品にはご満足いただけましたでしょうか？ 次回のお買い物にご利用いただける割引クーポンを差し上げます。またのご利用をお待ちしております。

割引クーポン番号：VY53k2
（次回注文時にご入力ください）

原フルーツ園って
どんなところ？

山梨県にある原フルーツ園では、新鮮な果物を1年を通して生産しています。インターネット上では取り扱いのない果物もございます。11月末までにこの紙を持ってお越しいただくと、原フルーツ園で採れたおいしいりんごを全員に1個プレゼント！ぜひ足をお運びください。

○● おいしい体験 ●○

入園料 1,000円（子ども 500円）で
果物の収穫体験ができます。
お持ち帰りもOK！

○● カフェ「こもれび」 ●○

夏と秋にフルーツ祭を開催
新鮮な果物を使った
ジュースやケーキが大人気！

～お問い合わせはこちら～
山梨県□△市 27－1　電話：01-2347-××××
Mail：hara-fruits@xxx.com　Web：http://www.hf-online.xx

問題　9

次の文章を読んで問題に答えなさい。
答えは１・２・３・４の中から最も適当なものを１つ選びなさい。

デジタル給与

政府の規制改革推進会議の作業部会は５日、解禁が議論されている給与のデジタル払いについて関係団体へのヒアリングを実施した。制度を扱う厚生労働省や慎重な姿勢を示す(＊１)連合や全国銀行協会などから意見を聞いた。(＊２)厚労省は近く具体的な制度案を示し、2021年度のできる限り早期に実現する方針を説明した。

この仕組みを巡っては、2020年７月に閣議決定した成長戦略で「20年度できるだけ早期の制度化を図る」と明記された。厚労省は労働政策審議会((＊３)厚労相の(＊４)諮問機関)で議論を進めてきたが、連合が慎重な姿勢を崩さず、20年度中の制度化は実現しなかった。

デジタル給与では賃金が現金手渡しや銀行振り込みではなく、キャッシュレスサービスに入金されるようになる。(＊５)「PayPay(ペイペイ)」や「楽天ペイ」などに振り込まれるイメージで、キャッシュレス化が進むなかニーズが高まっているとされる。

連合が懸念を示すのは振込先になる資金移動業者の安全性だ。５日のヒアリングでも連合は「選択肢として労働者に提供するのは慎重になるべきだ」と訴えた。業者が破綻した場合に払い戻しに時間を要することや不正利用が発生した際の対応に課題があると主張する。

解禁され、利用者が増えれば預金が減る可能性が高く、銀行業界も慎重な立場だ。厚労省は次回の(＊６)労政審で具体的な制度案を示し、議論を加速させると説明した。

（＊１）連合…日本労働組合総連合会。労働組合の集まり
（＊２）厚労省…厚生労働省
（＊３）厚労相…厚生労働大臣
（＊４）諮問機関…学識経験者などが審議・調査を行い、意見を述べる機関
（＊５）「PayPay(ペイペイ)」や「楽天ペイ」…電子決済サービスの名前
（＊６）労政審…労働政策審議会

（「日本経済新聞」2021年４月６日付より一部改）

(54) この文章によると、デジタル給与の推進に消極的なのはどこですか。

1 連合と厚生労働省

2 連合と銀行業界

3 銀行業界と規制改革推進会議

4 厚生労働省と規制改革推進会議

(55) デジタル給与について、文章の内容と合っているのはどれですか。

1 すでに一部で導入されている。

2 政府側は議論を早急に切り上げる意向だ。

3 2020年度中に制度が整った。

4 需要が増しているという考えがある。

問題　１０

次の文章を読んで問題に答えなさい。
答えは１・２・３・４の中から最も適当なものを１つ選びなさい。

　　日本の採用選考スケジュールはかなり長くなっています。海外では大学内で説明会も選考もやるオンキャンパス・リクルーティングが主流なので、選考にかける時間は短く、たとえばインドではほぼ１日で決めてしまうことが多いようです。日本では、何度も面接を繰り返して行い、しかも同じようなことを何回も聞きます。一方学生は、長い就職活動期間を費やし、内定を取った学生でも、より良い就職先を求めて活動を継続する傾向があります。そのために、面接に慣れるのです。もっと言えば、面接で聞かれることをあらかじめ想定してシナリオをつくり演技するのです。これを見破って本質を見極められる達人は、そういるものではありません。

（…中略…）

　　そしてこれが最大の問題なのですが、面接でよく見える人材は、早くに組織や仕事に馴染んで業績を上げる人であり、長期的に大きく成長する人とは限らないということです。オイル会社のシェブロンが、新従業員の業績を記録して、採用時の面接結果と照らし合わせたところ、入社後２～３年までは一定の相関関係があるのですが、その後はなくなったそうです。相手の言うことを素早く理解して疑問を持たない人が優秀に見えて、反対に物事をしっかりと考えて、相手の言うことも批判的に検討する人は劣って見えるものです。これは面接では越えられない壁です。

（大久保幸夫『会社を強くする人材育成戦略』日本経済新聞出版より一部改）

（56）　日本の採用選考について、文章の内容と合っているのはどれですか。

　　　1　説明会も面接も、大学内において１日で行う企業が増えてきた。

　　　2　面接では、面接官は事前に作成したシナリオにもとづいて演技する。

　　　3　面接では、回答の真偽を見極めるために、同じ質問が繰り返される。

　　　4　期間が長く、同じような面接が何度も繰り返される。

（57）　筆者によると、面接だけで見極められないのはどんな人ですか。

　　　1　仕事に早く慣れて業績を上げる人

　　　2　長期的に成長する人

　　　3　相手の意図をすばやく理解できる人

　　　4　相手の意見について批判ばかりする人

問題　11

次の文章を読んで問題に答えなさい。
答えは１・２・３・４の中から最も適当なものを１つ選びなさい。

　ビジネスでは、過去の成功体験を元にした意思決定のための手法や分析ツールなどが根強く信じられています。過去の論理的なツールは不確実なものを生み出すことを事前に防ぎ、合理的な意思決定をしようとします。

　しかしイノベーションとは、今までにない新たな発想を生み出すことですので、不確実な要素に溢れています。その発想を排除しては新たなものは生まれません。過去の合理的な考えから生み出されるものは「正しい」かもしれませんが「面白くない」かもしれません。デザイン思考では、過去の手法や分析ツールに頼りすぎず、人に深く共感し、チーム全員や関係者とディスカッションしながら今までにない新鮮なアイデアを出し、対象者をも巻き込んで一緒に精度を高めていくことが求められます。

　不確実さを排除するのではなく、その中で様々な角度から検討を重ねチャレンジする好奇心が必要になります。

（…中略…）

　論理的な思考に偏りすぎると、正しい答えを出すことはできても、オリジナリティーのある尖ったアイデアや新しい価値は生み出せない場合があります。
　「（　Ａ　）」「良い」と感じたものを自身の直感や感性で選んだときに感じる
（＊）腹落ちするような感覚が、実は人として正しい判断であることが多いのではないでしょうか。その感覚も大切に持ちながら、デザイン思考を行っていきましょう。

（＊）腹落ちする…納得する

（尾﨑美穂『経営とデザインのかけ算　企業を進化させる「デザイン思考」
と「ブランディング」』合同フォレストより一部改）

---

(58)　下線部「合理的な意思決定」とはどのようなことですか。
　　　1　以前うまくいった経験にもとづいて決めること
　　　2　自分が正しいと思う方法で決めること
　　　3　仕事の関係者と話し合った上で決めること
　　　4　AI（人工知能）に決めさせること

(59)　（　A　）に入る言葉はどれですか。
　　　1　好き
　　　2　正しい
　　　3　確かだ
　　　4　つまらない

(60)　文章の内容と合っているのはどれですか。
　　　1　不確実な要素に溢れた考え方を取り除くと、論理的な思考が身に付く。
　　　2　好みや直感で選択を繰り返すと、正しい判断ができなくなる。
　　　3　新しい発想を生み出すためには、自分が面白いと思うことを周りの人と議論
　　　　し合うことが大切だ。
　　　4　過去の成功体験をもとに考える人より、流行に敏感な人の意見を重視したほ
　　　　うがいい。

3 漢字問題

A 次のひらがなの漢字をそれぞれ１・２・３・４の中から１つ選びなさい。

(61) ここはちょっと<u>くらい</u>ですね。
　　　1 怖い　　　　2 暗い　　　　3 遠い　　　　4 痛い

(62) 花が<u>ちった</u>。
　　　1 追った　　　2 救った　　　3 散った　　　4 争った

(63) 会社のビルは川<u>ぞい</u>に建っている。
　　　1 沿い　　　　2 疑い　　　　3 荒い　　　　4 遣い

(64) 船が東京（とうきょう）<u>わん</u>に入って来た。
　　　1 池　　　　　2 湖　　　　　3 河　　　　　4 湾

(65) 上司（じょうし）は部下の<u>きはん</u>にならなければならない。
　　　1 基準　　　　2 基盤　　　　3 既判　　　　4 規範

(66) この<u>へん</u>にコンビニはない。
　　　1 辺　　　　　2 郊　　　　　3 星　　　　　4 党

(67) これは消費税を<u>ふくめた</u>価格（かかく）である。
　　　1 収めた　　　2 含めた　　　3 留めた　　　4 務めた

(68) うちの犬は本当に<u>かしこい</u>。
　　　1 憎い　　　　2 鈍い　　　　3 鋭い　　　　4 賢い

(69) 隣町（となりまち）との<u>がっぺい</u>の話が進んでいる。
　　　1 賠償　　　　2 補償　　　　3 合併　　　　4 勧誘

(70) 私は<u>はばつ</u>に興味（きょうみ）がない。
　　　1 派閥　　　　2 潔癖　　　　3 遺跡　　　　4 狩猟

(71) 彼はイスラム教を<u>しんこう</u>している。
　　　1　信仰　　　　　2　信頼　　　　　3　遂行　　　　4　熟考

(72) 60歳を過ぎて、体が<u>おとろえ</u>てきた。
　　　1　鍛えて　　　　2　衰えて　　　　3　唱えて　　　4　飢えて

(73) 父は建築分野でもっとも<u>けんい</u>ある賞を受賞した。
　　　1　猛威　　　　　2　模倣　　　　　3　健康　　　　4　権威

(74) 彼女は私を<u>したって</u>くれている。
　　　1　慕って　　　　2　漂って　　　　3　叶って　　　4　黙って

(75) この文書の<u>えつらん</u>には許可が必要だ。
　　　1　氾濫　　　　　2　掲載　　　　　3　閲覧　　　　4　均衡

B　次の漢字の読み方を例のようにひらがなで書いてください。

・ひらがなは、**正しく、ていねいに**書いてください。
・**漢字の読み方だけ**書いてください。

（例）　はやく書いてください。　「 | （例） | **か** |

---

(76)　彼女の声は美しい。

(77)　そんなに怒らないでください。

(78)　作業を中断する。

(79)　きちんと睡眠を取ったほうがいい。

(80)　疲れたら交替しますよ。

(81)　彼は仕事中、怠けてばかりいる。

(82)　週末は城を見に行く。

(83)　昨晩は奇妙な夢を見た。

(84)　書類は訂正してから提出してください。

(85)　もっと広い視野を持たなければならない。

(86)　今日は退屈な一日だった。

(87)　最近の彼は成長が著しい。

(88)　できるだけ丁寧に説明する。

(89)　これは誰の墓ですか。

(90)　この予算ですべてを賄うのは不可能だ。

4　記述問題

A　例のように＿＿＿＿＿＿に適当な言葉を入れて文を作ってください。

・文字は、**正しく、ていねいに**書いてください。
・漢字で書くときは、**今の日本の漢字**を**正しく、ていねいに**書いてください。

（例）　きのう、＿＿＿＿＿＿＿＿＿でパンを＿＿＿＿＿＿＿＿＿。
　　　　　　　　　　　　　（A）　　　　　　　　　　　　　（B）

（例）	（A）	スーパー	（B）	買いました

---

(91)　もうすぐ母の70歳の＿＿＿＿＿＿＿＿＿なので、
　　　　　　　　　　　　　　　　　　　　（A）

　　　プレゼントに花を＿＿＿＿＿＿＿＿＿つもりです。
　　　　　　　　　　　　　　　　　　（B）

(92)　佐藤：吉田さんもこの映画、見たんだね。＿＿＿＿＿＿＿＿＿でしょう？
　　　　　　　　　　　　　　　　　　　　　　　　　　　　　　　　（A）

　　　吉田：うん、とても！　涙が出る＿＿＿＿＿＿＿＿＿笑ったよ。
　　　　　　　　　　　　　　　　　　　　　　　（B）

(93)　彼女は＿＿＿＿＿＿＿＿＿がないと言っているわりに、
　　　　　　　　　　（A）

　　　よく新しい服を＿＿＿＿＿＿＿＿＿いる。
　　　　　　　　　　　　　　　　（B）

(94)　毎日ピアノの練習を続けていれば、＿＿＿＿＿＿＿＿＿かれ＿＿＿＿＿＿＿＿＿かれ、
　　　　　　　　　　　　　　　　　　　　　　　　　　（A）　　　　　　　　　　　（B）

　　　上達するでしょう。

(95)　A：＿＿＿＿＿＿＿＿＿のせいで、試合に＿＿＿＿＿＿＿＿＿しまいました。
　　　　　　　（A）　　　　　　　　　　　　　　　（B）

　　　B：あなたが悪いわけじゃありませんよ。気にしないでください。

B　例のように３つの言葉を全部使って、会話や文章に合う文を作ってください。

・【　　　】の中の文だけ書いてください。
・1.→2.→3. の順に言葉を使ってください。
・言葉の＿＿の部分は、形を変えてもいいです。
・文字は、正しく、ていねいに書いてください。
・漢字で書くときは、今の日本の漢字を正しく、ていねいに書いてください。

（例）
きのう、【　1.　どこ　　→　　2.　パン　　→　　3.　買う　】か。

（例）	どこでパンを買いました

(96)
部下：今度の中国出張は【　1.　ぜひ　→　2.　私　→　3.　行く　】ください。
上司：わかった。じゃ、よろしく。

(97)
【　1.　早く　→　2.　恋人　→　3.　会いたい　】たまらない。

(98)　（会社で）
A：今日、帰りに飲みに行こうよ。
B：ごめん。今日中に【　1.　書く　→　2.　かけ　→　3.　報告書　】
　　仕上げないといけないんだ。また今度ね。

(99)
母は最近【　1.　忘れる　→　2.　っぽい　→　3.　なる　】きた。

(100)　（会社で）
A：あれ？　眠そうだね。どうしたの？
B：昨日の夜中、【　1.　娘　→　2.　加えて　→　3.　息子　】熱を出して、
　　大変だったんだよ。

J.TEST

実用日本語検定

聴 解 試 験

1　写真問題　　　　　問題　　１～１０

2　聴読解問題　　　　問題　１１～２０

3　応答問題　　　　　問題　２１～４０

4　会話・説明問題　　問題　４１～５５

1 写真問題 （問題1～10）

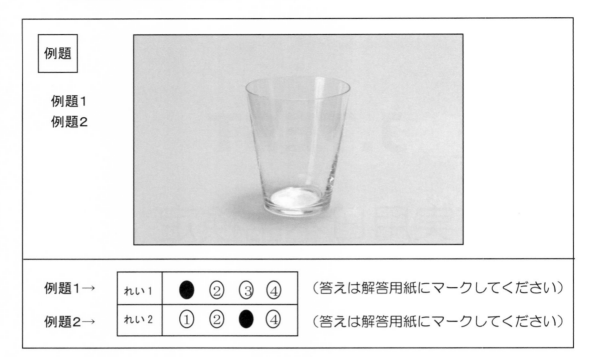

例題

  例題1
  例題2

	①	②	③	④	
例題1→ れい1	●	②	③	④	（答えは解答用紙にマークしてください）
例題2→ れい2	①	②	●	④	（答えは解答用紙にマークしてください）

A   問題1
      問題2

B　問題3
　　問題4

C　問題5
　　問題6

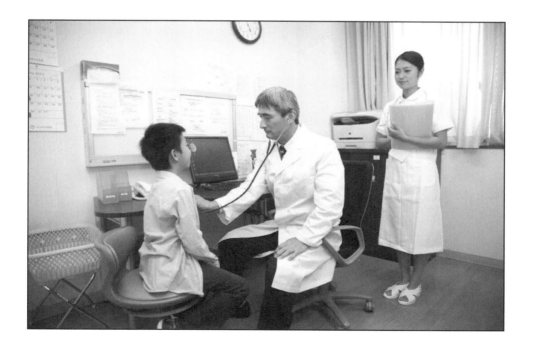

D　問題7
　　問題8

E　問題9

F　問題10

2 聴読解問題 （問題11〜20）

| 例題 | ① | ②株式会社ＧＫ出版 |

① ②株式会社ＧＫ出版

例題1
例題2

営業部
　部長　吉田　一郎
　　　YOSHIDA　Ichiro

③ 〒130-0021 東京都墨田区緑×-×-×
　TEL:03-3633-xxxx　E-mail:yoshida@XX.jp ④

| 例題1→ | れい1 | ● ② ③ ④ | （答えは解答用紙にマークしてください） |
| 例題2→ | れい2 | ① ② ● ④ | （答えは解答用紙にマークしてください） |

G　問題11
　　問題12

H 　問題13
　　問題14

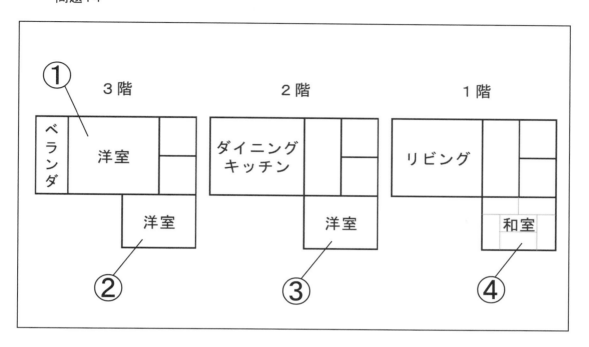

I 　問題15
　　問題16

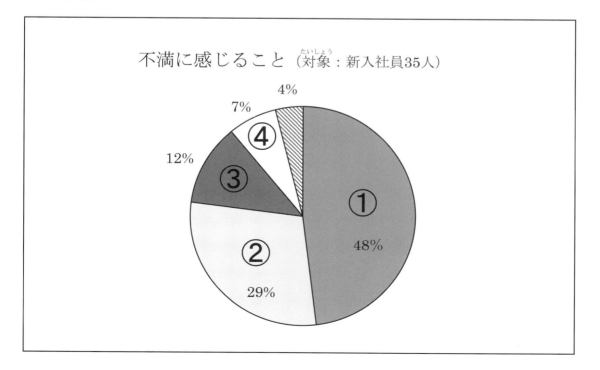

不満に感じること （対象：新入社員35人）

J　問題17
　　問題18

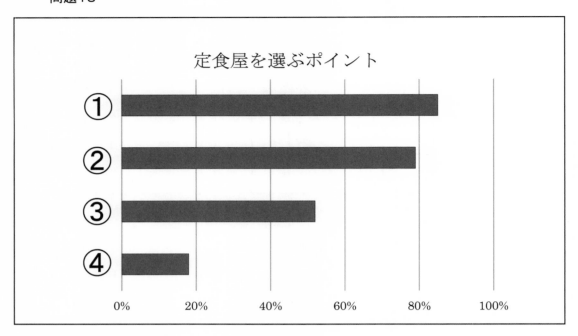

定食屋を選ぶポイント

K　問題19

①	インターンシップ
②	会社説明会
③	面接
④	筆記試験

問題20

①	コミュニケーション力
②	資格や専門知識
③	様々な経験
④	主体性

3 応答問題 （問題21〜40）

（問題だけ聞いて答えてください）

| 例題1 | → | れい1 | ● | ② | ③ | （答えは解答用紙にマークしてください） |
| 例題2 | → | れい2 | ① | ● | ③ | （答えは解答用紙にマークしてください） |

問題21

問題22

問題23

問題24

問題25

問題26

問題27

問題28

問題29

問題30

問題31

問題32

問題33

問題34

問題35

問題36

問題37

問題38

問題39

問題40

メモ（MEMO）

4 会話・説明問題 （問題41〜55）

例題	1 資料のコピー
	2 資料のチェック
	3 資料の作成

れい	① ● ③	（答えは解答用紙にマークしてください）

1

問題41　1　海外出張に行くから
　　　　　2　会社に外国人が入ったから
　　　　　3　英語が下手だと言われたから

問題42　1　厳しい表情の練習
　　　　　2　笑顔の練習
　　　　　3　英語の練習

2

問題43　1　業務量が多いこと
　　　　　2　給料が安いこと
　　　　　3　残業代が払われていないこと

問題44　1　アルバイトへの仕事の説明
　　　　　2　部長に見せる資料の作成
　　　　　3　残業代の計算

3

問題45　1　白
　　　　　2　緑
　　　　　3　オレンジ

問題46　1　パーティーの参加者の性格をよく知っている。
　　　　　2　パーティーの参加者が少なかったと思っている。
　　　　　3　参加者の多くはパーティーに満足したと思っている。

4

問題47　1　新しい趣味を見つけたほうがいい。
　　　　2　サークルに参加しないほうがいい。
　　　　3　週末はゆっくり過ごしたほうがいい。

問題48　1　仕事に力を入れることにする。
　　　　2　他のサークルを調べることにする。
　　　　3　一人で登山に行くことにする。

5

問題49　1　売り上げを伸ばす方法
　　　　2　経費を抑える方法
　　　　3　インターネット販売の方法

問題50　1　業界トップであること
　　　　2　顧客にお年寄りが多いこと
　　　　3　インターネットでカタログが見られること

6

問題51　1　最近の若手社員の特徴
　　　　2　若くして管理職になる方法
　　　　3　部下と働く際の心構え

問題52　1　若い社員から積極的に話し掛ける努力が必要だ。
　　　　2　昔よりも仕事ができない管理職が増えた。
　　　　3　上司は気軽に話し掛けることのできる存在であるべきだ。

7

問題53　1　やることの順番を決める。
　　　　2　与えられた仕事から順に処理する。
　　　　3　仕事の成果をリスト化する。

問題54　1　1時間ゆっくり休む。
　　　　2　集中力が切れたタイミングで休む。
　　　　3　1時間ごとに10分休む。

問題55　1　成果主義によって仕事の効率が下がる場合がある。
　　　　2　労働時間が長いことは評価されなくなってきている。
　　　　3　週休二日制によって生産性が向上した。

終わり

第1回 J.TEST実用日本語検定（A−Cレベル）
正解とスクリプト

■ 読解・記述問題　500点

《 文法語彙問題 》 各5点（200点）				《 読解問題 》 各6点（120点）		《 漢字問題A 》 各4点（60点）	
1) 2	11) 3	21) 4	31) 1	41) 4	51) 3	61) 1	71) 1
2) 1	12) 4	22) 4	32) 2	42) 3	52) 1	62) 3	72) 4
3) 3	13) 2	23) 3	33) 1	43) 4	53) 3	63) 1	73) 2
4) 1	14) 2	24) 2	34) 1	44) 3	54) 2	64) 2	74) 4
5) 4	15) 1	25) 4	35) 2	45) 2	55) 4	65) 3	75) 3
6) 2	16) 4	26) 1	36) 3	46) 2	56) 3	66) 1	
7) 4	17) 2	27) 3	37) 2	47) 1	57) 3	67) 3	
8) 1	18) 1	28) 1	38) 4	48) 2	58) 1	68) 4	
9) 1	19) 1	29) 2	39) 1	49) 3	59) 4	69) 1	
10) 2	20) 3	30) 2	40) 4	50) 1	60) 4	70) 2	

《 漢字問題B 》 各4点（60点）　　*漢字問題A＋B＝計120点

76) あた	80) ゆうのう	84) たも	88) きわ
77) くわ	81) ただ	85) りれき	89) はんざつ
78) ぐたい	82) ひょうじょう	86) かんげい	90) じょうじゅ
79) あず	83) いちじる	87) こうけん	

解答例　　《 記述問題A 》 各6点（30点）　　*（A）と（B）が両方正解で6点。部分点はありません。

91) （A） 減らしたい	（B） 泳いだ
92) （A） 安くなる	（B） 不便
93) （A） 合格	（B） くらい
94) （A） 一度	（B） 取った
95) （A） 濡れる	（B） ささ

解答例　　《 記述問題B 》 各6点（30点）　　*部分点はありません。　*記述問題A＋B＝計60点

> 96) フランスへ留学させるつもり
> 97) 旅行をきっかけに着物に
> 98) パソコンさえあれば
> 99) 知らないくせに知っている
> 100) 悩んだすえに買わない

■ 聴解問題　500点

《写真問題》 各5点（50点）	《聴読解問題》 各10点（100点）	《 応答問題 》 各10点（200点）		《 会話・説明問題 》 各10点（150点）	
1) 1	11) 1	21) 2	31) 1	41) 1	51) 2
2) 1	12) 2	22) 3	32) 1	42) 2	52) 2
3) 4	13) 2	23) 1	33) 1	43) 1	53) 1
4) 1	14) 3	24) 2	34) 3	44) 2	54) 3
5) 4	15) 4	25) 1	35) 3	45) 3	55) 1
6) 3	16) 3	26) 2	36) 2	46) 3	
7) 3	17) 3	27) 2	37) 1	47) 2	
8) 1	18) 4	28) 3	38) 2	48) 1	
9) 2	19) 2	29) 3	39) 1	49) 2	
10) 2	20) 4	30) 3	40) 1	50) 3	

第1回 A-Cレベル　聴解スクリプト

写真問題

例題の写真を見てください。
例題1　これは何ですか。
1　コップです。
2　いすです。
3　ノートです。
4　カメラです。

例題2　これで何をしますか。
1　すわります。
2　字を書きます。
3　水を飲みます。
4　写真をとります。
最も良いものは、例題1は1、例題2は3です。ですから、例題1は1、例題2は3を例のようにマークします。

Aの写真を見てください。
問題1　女性は何をしていますか。
1　注文の品を運んでいます。
2　食器をしまっています。
3　皿を交換しています。
4　メニューを変更しています。

問題2　正しい説明はどれですか。
1　女性はお盆を持っています。
2　女性は派手なエプロンをつけています。
3　店内が真っ暗です。
4　飲み物が溢れ出しています。

Bの写真を見てください。
問題3　ここはどこですか。
1　海水浴場です。
2　競技場です。
3　劇場です。
4　牧場です。

問題4　正しい説明はどれですか。
1　馬が横たわっています。
2　馬がお尻を向けています。
3　馬がずぶ濡れになっています。
4　馬が飛び跳ねています。

Cの写真を見てください。
問題5　これは何ですか。
1　鉄砲です。
2　小銭です。
3　まな板です。
4　つり革です。

問題6　正しい説明はどれですか。
1　丸めて体に挟みます。
2　なでて体を労ります。
3　つかまって体を支えます。
4　潰して体にこすりつけます。

Dの写真を見てください。
問題7　ここはどこですか。
1　物置です。
2　老人ホームです。
3　リサイクル工場です。
4　不動産屋です。

問題8　作業員について、正しい説明はどれですか。
1　防護服を身につけています。
2　ペットボトルをゆすいでいます。
3　みすぼらしい格好をしています。
4　ヘルメットを塗装しています。

Eの写真を見てください。
問題9　相手に何時に来るか聞く時、何と言いますか。
1　何時頃伺いますか。
2　何時頃いらっしゃいますか。
3　何時頃参られますか。
4　何時頃ご参上なさいますか。

Fの写真を見てください。
問題10　上司に資料を渡す時、何と言いますか。
1　恐れ入りますが、おいとましてもよろしいでしょうか。
2　お手すきの際にお目通しいただけますでしょうか。
3　私に携わらせていただけませんでしょうか。
4　全てお見通しかとは存じますが…。

例題を見てください。男性と女性が、会社のロゴの位置について話しています。
例題１　男性はどの位置がいいと言っていますか。
例題２　女性はどの位置がいいと言っていますか。
ーーーーーーーーーーーーーーーーーー
男：名刺のデザインを変えるんだけど、会社のロゴの位置はどこがいいと思う？
女：住所の前がいいんじゃない？
男：うーん、でも、それじゃあ目立たないよ。会社名の前に大きく入れたら、どう？
女：えー、ロゴは控えめに、住所の前にあるほうがいいわよ。
ーーーーーーーーーーーーーーーーーー
例題１　男性はどの位置がいいと言っていますか。
例題２　女性はどの位置がいいと言っていますか。
最も良いものは、例題１は２、例題２は３です。ですから、例題１は２、例題２は３を例のようにマークします。

Ｇを見てください。
銀行で男性と銀行員が話しています。

問題１１　男性が今日持って来ているものはどれですか。
問題１２　男性がこのあと持って帰るものはどれですか。
ーーーーーーーーーーーーーーーーーー
男：すみません、口座を開設したいんですが…。
女：ありがとうございます。ご印鑑と写真付きのご本人様が確認できる書類はお持ちですか。
男：はい。はんこあります。あと運転免許証ですけど、いいですか。
女：はい、結構です。通帳は本日すぐにお渡しいたしますが、キャッシュカードは約１週間後にご自宅へのお届けとなります。
男：わかりました。
ーーーーーーーーーーーーーーーーーー
問題１１　男性が今日持って来ているものはどれですか。
問題１２　男性がこのあと持って帰るものはどれですか。

Hを見てください。
電話で女性と男性が話しています。

問題１３　女性が見ているのはどれですか。
問題１４　男性が見ているのはどれですか。
－－－－－－－－－－－－－－－－－－－－
女：もしもし、山田です。すみません、電車が遅れ
　　ていて間に合いそうもないんですが…。
男：え、そうなの？
女：ええ。なので、開店準備、お願いできますか。
男：それが、僕の方もいつもの道が通れなくなって
　　いて…。今、山田さんに電話しようと思ってた
　　ところなんだ。
女：そうなんですか。
男：うん。これから別の道で向かうよ。何とか間に
　　合うといいんだけど。
女：わかりました。私の方は、動いているようなの
　　で、もうちょっと待ってみます。
－－－－－－－－－－－－－－－－－－－－
問題１３　女性が見ているのはどれですか。
問題１４　男性が見ているのはどれですか。

Ｉを見てください。
会社で女性と男性がお菓子の売上について話してい
ます。

問題１５　ナッツ類はどれですか。
問題１６　ポテトチップスはどれですか。
－－－－－－－－－－－－－－－－－－－－
女：課長、上半期の売上集計ができました。
男：どれどれ。チョコレートが独走態勢だな。ん？
　　ナッツ類、今回初めてのランクインだね。健闘し
　　てるじゃないか。
女：ビールのおつまみだからじゃないでしょうか。今
　　年の夏は特に暑かったので。
男：そうだな。まあ、子供が買わないから最下位は仕
　　方がないね。
女：ええ。しかし、アイスクリームは昨年と比べて伸
　　びなかったですね。
男：ああ。クッキーに負けるとは思わなかったな。
女：あとスナック系ではポテトチップスが一番売れて
　　ますね。10億円に届く勢いです。
男：これもビールのつまみにいいし、子供も好きだか
　　らね。
－－－－－－－－－－－－－－－－－－－－
問題１５　ナッツ類はどれですか。
問題１６　ポテトチップスはどれですか。

Jを見てください。
セミナーで男性が話しています。

問題１７　業界２番手の企業は表のどのグループに
　　　　　入りますか。
問題１８　低価格志向の顧客をターゲットにする企
　　　　　業は表のどのグループに入りますか。
——————————————————
男：１つの業界の中には複数の企業がありますね。
　　それらの企業を４つに分類した表がこちらです。
　　まず「リーダー」ですが、ずばり業界ナンバー
　　１の企業です。業界を牽引する立場で、戦略と
　　しては全方位のフルカバーとなります。次に
　　「チャレンジャー」ですが、業界の２番手でリ
　　ーダーに挑戦しトップを狙う企業です。リーダ
　　ーにはできないことをやる差別化戦略によって
　　成長を目指します。そして「フォロワー」は、
　　経営資源がリーダーやチャレンジャーには及ば
　　ず独自性もありませんが、模倣することで開発
　　コストを抑える戦略をとっています。また、低
　　価格志向の顧客に商品を提供することで市場に
　　食い込んでいます。最後に「ニッチャー」です
　　が、特定の市場で独自の地位を獲得する企業で
　　す。比較的規模が小さい企業が生き残っていく
　　ためのポジショニングだと言えます。
——————————————————
問題１７　業界２番手の企業は表のどのグループに
　　　　　入りますか。
問題１８　低価格志向の顧客をターゲットにする企
　　　　　業は表のどのグループに入りますか。

Kを見てください。
女性が待機児童について話しています。

問題１９　東区の「待機児童数」は何位ですか。
問題２０　「隠れ待機児童数」が最も多いのはどこで
　　　　　すか。
——————————————————
女：共働き世帯の増加にともない、保育所に入れない
　　子供が増えています。いわゆる待機児童の問題で、
　　全国で２万人近くいるとされています。ある自治
　　体の発表によりますと、昨年、待機児童数が最も
　　多かったのは、南区でした。次いで僅差で東区、
　　西区となっています。ただし、この順位は「隠れ
　　待機児童数」が含まれていません。「隠れ待機児
　　童数」とは、自治体が認可した保育園には入れな
　　かったものの、認可外の保育施設に通っていたり、
　　特定の保育所を希望していたりするといった理由
　　で、待機児童から除かれている人数です。この
　　「隠れ待機児童数」も加えた調査結果では、北区
　　が最多でした。北区は、自治体が発表した待機児
　　童数では下位につけていますが、潜在的な待機児
　　童が多いことがうかがえます。
——————————————————
問題１９　東区の「待機児童数」は何位ですか。
問題２０　「隠れ待機児童数」が最も多いのはどこで
　　　　　すか。

例題1　おはようございます。
1　おはようございます。
2　おやすみなさい。
3　さようなら。

例題2　お仕事は？
　　　　ー会社員です。
1　私も会社員じゃありません。
2　私も会社員です。
3　私も医者です。
最も良いものは、例題1は1、例題2は2です。ですから、例題1は1、例題2は2を例のようにマークします。

問題21　山本さんの会社、倒産したそうですよ。
1　とんでもないです。
2　お気の毒に。
3　どうぞお構いなく。

問題22　まだスーパー開いてるかな？
1　今からわくわくするね。
2　いつもにこにこしているから。
3　急げばぎりぎり。

問題23　締め切りを延ばしてもらえませんか。
1　1日ならいいですよ。
2　もう声が出ませんよ。
3　30センチ伸ばしてますよ。

問題24　お荷物の準備はお済みですか。
1　ええ、マンションに住んでいます。
2　ええ、ほぼ済んでいます。
3　ええ、すまないことをしました。

問題25　今日、残業？
1　うん、ちょっと厄介な仕事頼まれちゃって。
2　うん、もったいないけど仕方ないね。
3　うん、私にふさわしいと思うんだ。

問題26　この荷物、どこに置く？
1　ブランクがあるからな。
2　あっちのスペースにしよう。
3　ギャップが激しいね。

問題27　このオムライス、おいしいね。
1　うん、卵がぐちゃぐちゃ。
2　うん、卵がとろとろ。
3　うん、卵がかちんこちん。

問題28　またタバコを吸ってるんですね。
1　吸わないとも限りませんよ。
2　吸わずに済ませましょう。
3　吸わずにいられないんです。

問題29　あの映画どうだった？
　　　　ー過去最高と言っても過言じゃないね。
1　そんなにつまらないの？
2　まだ見てないの？
3　そんなに面白いの？

問題30　すみません、ちょっと遅刻しそうです。
　　　　ーどうしたんですか。
1　今日は電車ががらがらだったんです。
2　お年寄りに席を譲ったんです。
3　乗り過ごしてしまいました。

問題31　髪染めたんだね。
　　　　ーそう、どうかしら。
1　いやあ、見違えたよ。
2　いやあ、見逃したな。
3　いやあ、見落としてたよ。

問題32　部長、まだ戻られませんか。
1　ええ、会議が長引いているみたいです。
2　ええ、口頭で報告しただけです。
3　ええ、順調にこなしています。

問題33　来期の採用は若干名に留まるようです。
1　まあ、人は足りてるからね。
2　そんなにたくさん採るの？
3　一人も採用しないなんて。

問題34　サンプルをご覧に入れましょうか。
1　はい、喜んで承ります。
2　はい、ぜひご覧ください。
3　はい、拝見させていただきます。

問題３５　鈴木君の報告書、どうでしたか。
1　待ち遠しいね。
2　か細い腕だな。
3　申し分ない出来だったよ。

問題３６　このパソコンからインターネットにアク
　　　　　セスできないんです。
1　ダウンロードしてみましょう。
2　再起動してみたらどうですか。
3　ファイルを添付して送ってください。

問題３７　机の脚が固定できてないみたい。
1　本当だ。ぐらぐらするね。
2　わっ。ぬるぬるするね。
3　おお。きれっきれだね。

問題３８　ここの定食、食べごたえがあるね。
1　喉から手が出そうだよ。
2　ボリュームが売りだからね。
3　捨てるにしのびないな。

問題３９　繁盛していますね。
1　お陰様で。御贔屓にしていただきありがとうご
　　ざいます。
2　いやはや泥船に乗ってしまいましたね。
3　そうは言っても、世間体を守ることも大切ですよ。

問題４０　難しい交渉相手ですね。
1　海千山千の曲者ですからね。
2　直立不動の姿勢を崩さないですね。
3　取捨選択が必要ですね。

「＊」の部分は録音されていません。

例題
ーーーーーーーーーーーーーーーーーーーー
男：佐藤さん、明日の会議の資料はできましたか。
女：はい、できました。こちらです。
男：じゃ、10部コピーしておいてください。
女：あのう、コピーする前に内容をチェックしてい
　　ただけないでしょうか。
男：ええ、いいですよ。
女：お願いします。
ーーーーーーーーーーーーーーーーーーーー
女性は男性に何をお願いしましたか。
＊1　資料のコピー
＊2　資料のチェック
＊3　資料の作成
最も良いものは２です。ですから、例のように２を
マークします。

1 事務所で女性と男性が話しています。この会話を聞いてください。

─────────────────────

女：お知らせのポスター、印刷できた？

男：ごめん。実は失敗したんだ。誤字があってさ。やり直さないといけない。

女：え、どこ？　ちょっと見せて。あー…。でもこれ、サイズが大きくてカラーだからもったいないよ。間違えた文字だけシールにしたら？　私が貼ってあげる。

男：そう？　助かるよ。じゃあ、今から作るね。

─────────────────────

問題41　男性は何を間違えましたか。

＊1　文字
＊2　印刷する枚数
＊3　デザイン

問題42　男性はこの後何をしますか。

＊1　シールを貼る。
＊2　シールを作る。
＊3　ポスターを印刷する。

2 家で妻と夫が話しています。この会話を聞いてください。

─────────────────────

女：ねえ、スキーに行かない？　久しぶりにやってみたいな。

男：えっ!?　腰痛は？　薬、飲んでるでしょう？

女：あ、そうだった。忘れてた。じゃあ、スキーは諦めるとしても、雪のある所には行きたいな。車のタイヤ、履き替えたんだっけ？

男：まだだよ。それに雪用のタイヤは去年捨てたから新しいの買わないと。

女：そっか。じゃ、新幹線でいいから東北行こうよ。2泊3日くらいでゆっくりと。

男：うーん。今月は平日の休みは取りづらいな。来月にしない？

女：えー。来月は私が忙しくなるわ。じゃ、週末1泊でいいから今月どっか行こうよ。

男：うん、そうだね。

─────────────────────

問題43　二人がスキーに行かないのはなぜですか。

＊1　女性の腰が痛いから
＊2　雪用のタイヤがないから
＊3　忙しいから

問題44　二人はどうすることにしましたか。

＊1　来月2泊3日で東北に行く。
＊2　今月1泊2日で旅行に行く。
＊3　今月休みを取って旅行に行く。

3　医者と男性の会話を聞いてください。

———————————————————

女：健康診断の結果は特に問題はありませんでした
　　が、書いていただいたアンケートにやや気にな
　　る点がありました。田村さん、朝食はとってら
　　っしゃらないのですか。
男：ええ、朝はコーヒーだけですね。何か食べたほ
　　うがいいことはわかってるんですが…。
女：そうですね。栄養バランスのとれた朝食をとる
　　というのは難しいですが、糖質とタンパク質だ
　　けでも取ったほうがいいですよ。
男：例えばどんなものですか。
女：卵かけご飯や納豆ご飯です。簡単でしょう？
男：うちでご飯を炊かないので…。
女：では、牛乳をかけたシリアルは？
男：あ、それならできそうです。
女：では明日からぜひ始めてください。
男：あ、はい。わかりました。

———————————————————

問題４５　男性は医者に何を注意されましたか。
＊１　健康診断を受けていないこと
＊２　コーヒーを飲みすぎていること
＊３　朝食をとっていないこと

問題４６　男性は今後どうしますか。
＊１　自炊する。
＊２　コーヒーをやめて牛乳を飲む。
＊３　医師に勧められた朝食をとる。

4　ニュースで男性が話しています。この話を聞い
　　てください。

———————————————————

男：本日午後１時頃、朝日が丘３丁目の踏切で電車と
　　トラックが衝突する事故がありました。トラック
　　が無理に踏切内に進入し、動けなくなったところ
　　に電車が衝突しました。トラックに気づいた電車
　　の運転手がブレーキをかけましたが間に合わず、
　　乗客数名が軽い怪我をして病院に運ばれました。
　　トラックの運転手は、電車の衝突前に車から降り
　　て避難していたため、無事だったとのことです。
　　現在、警察がトラック運転手から詳しい事情を聞
　　いています。

———————————————————

問題４７　事故の原因は何でしたか。
＊１　トラックのスピードの出し過ぎ
＊２　トラックの踏切への進入
＊３　電車のブレーキの故障

問題４８　怪我をしたのは誰ですか。
＊１　電車の乗客
＊２　トラックの運転手
＊３　歩行者

5　女性と男性が仕事をする場所について話しています。この会話を聞いてください。

――――――――――――――――――――

女：最近、駅の構内で電話ボックスみたいなのを見かけるようになりましたね。あれ、何か知ってますか。

男：ああ、テレワークボックスですね。テレワークの作業空間を提供してくれるんですよ。あの中で取引先との通話やテレビ会議、資料作成といった業務ができるんです。

女：へえ、需要はありそうですね。移動時間の合間に仕事したい人とか。私はカフェを利用してますけど。

男：僕も以前はそうだったんですが、セキュリティが気になって…。カラオケでテレワークができるサービスを見つけてからはそれを利用するようになりました。

女：へえ、カラオケ店なら音も漏れないし、広々してますね。でも料金が駅のテレワークボックスより高そうですね。

男：ええ。駅のほうは15分刻みの料金プランなので安上がりですが、カラオケボックスのほうは1時間ごとになるので高めの設定です。でも、個人的にはドリンク飲み放題がついているのが嬉しいんですよ。

女：なるほどね。

――――――――――――――――――――

問題４９　女性はどこでテレワークをしていますか。
＊１　駅のテレワークボックス
＊２　カフェ
＊３　カラオケ店

問題５０　男性が利用しているサービスの特徴はどれですか。
＊１　15分ごとに料金を支払う。
＊２　部屋が狭いが、安上がりである。
＊３　料金に飲み物代が含まれている。

6　男性が企業のコマーシャルについて話しています。この話を聞いてください。

――――――――――――――――――――

男：SNSの浸透に伴い、企業のコマーシャルが「炎上」するケースが増えています。「炎上」とは、ある言動に対して非難や批判が殺到して収拾がつかなくなる状況のことをいいますが、ある企業が制作した調味料のコマーシャルを例に具体的に説明しましょう。これは母親の忙しい1日を描くコマーシャルで、朝食を作る、お弁当を作る、仕事から帰って子供の世話をしながら夕食を作る、という母親が主人公です。しかし、このコマーシャルは、女性が食事を作るという古い固定概念が現れているとして批判を受けました。性役割を固定化しているコマーシャルは今の時代、炎上しがちなのです。日本では女性が家族の食事を作ることが多いのが現状ですが、それをコマーシャルで表現してしまうと、現状をよしとする古い価値観の企業というマイナスのイメージになってしまうのです。ですから、今後コマーシャルが目指す方向性は、時代の半歩先を描くことだといえます。極端に先を行くのではなく、少しだけ先を行くということです。

――――――――――――――――――――

問題５１　調味料のコマーシャルが炎上した理由は何だと言っていますか。
＊１　撮影方法が古かったため
＊２　性役割を固定化していたため
＊３　日本の現状を批判していたため

問題５２　今後コマーシャルを制作する際、どうすべきだと言っていますか。
＊１　現状をそのまま認める。
＊２　時代を少し先取りする。
＊３　時代の最先端を描く。

7　老舗企業の新社長とその取引先企業の社長が話しています。この会話を聞いてください。

ーーーーーーーーーーーーーーーーーーーー

女：この度は資金援助を賜り本当にありがとうございました。これでわが社も何とかなりそうです。

男：何とかなる？　そんなに甘いものじゃないですよ。この融資はボランティアみたいなものです。世間では、あなたのお父さんに私が世話になったからなんて言ってるけど、そうじゃない。地元の老舗をこんな形で消滅させちゃいけないと思ったんです。

女：はい。承知しております。お言葉を肝に銘じて頑張っていきます。

男：でも今までのやり方ではすぐに行き詰まりますよ。何か考えがあるんですか。

女：ええ。ITの専門家を入れるつもりです。老舗企業こそIT化が不可欠だと感じています。専門家を招いて当社の魅力ある製品を全国、いえ、全世界に向けて発信し、販路を拡大していければと考えております。

男：ああ、いいじゃないですか。もう専門家の当てはあるんですか。よければ私が紹介しますよ。

女：ありがとうございます。これから探すところでしたので是非お願いします。

ーーーーーーーーーーーーーーーーーーーー

問題５３　男性はなぜ女性の会社に融資しましたか。
＊１　歴史のある有名な会社だから
＊２　女性の父親に世話になったことがあるから
＊３　女性の会社がボランティアに熱心だったから

問題５４　女性の企業は今後どのような方針を取りますか。
＊１　海外への生産拠点の移転
＊２　地域密着型の経営
＊３　ITの導入

問題５５　女性は男性に何を依頼しましたか。
＊１　専門家を紹介してもらうこと
＊２　新規事業に参加してもらうこと
＊３　男性の企業の傘下に入れてもらうこと

これで聴解試験を終わります。

第2回　J.TEST実用日本語検定（A-Cレベル）
正解とスクリプト

■　読解・記述問題　500点

《　文法語彙問題　》 各5点（200点）				《　読解問題　》 各6点（120点）		《　漢字問題A　》 各4点（60点）	
1) 4	11) 2	21) 4	31) 2	41) 3	51) 4	61) 4	71) 1
2) 3	12) 4	22) 3	32) 2	42) 3	52) 1	62) 2	72) 3
3) 4	13) 4	23) 2	33) 3	43) 1	53) 2	63) 4	73) 3
4) 1	14) 4	24) 2	34) 1	44) 2	54) 1	64) 3	74) 1
5) 1	15) 3	25) 1	35) 4	45) 3	55) 2	65) 1	75) 4
6) 3	16) 1	26) 1	36) 3	46) 1	56) 2	66) 2	
7) 4	17) 4	27) 3	37) 2	47) 1	57) 1	67) 4	
8) 2	18) 3	28) 4	38) 1	48) 2	58) 4	68) 1	
9) 4	19) 1	29) 3	39) 3	49) 3	59) 3	69) 1	
10) 2	20) 2	30) 1	40) 4	50) 3	60) 4	70) 2	

《　漢字問題B　》各4点（60点）　　*漢字問題A＋B＝計120点

76) な
77) しょっき
78) わら
79) ようてん
80) みちじゅん
81) うかが
82) ちゅうしゃ
83) さいさん
84) ねば
85) きび
86) たいのう
87) わんがん
88) かんじん
89) いば
90) かて

解答例　《　記述問題A　》各6点（30点）　　*（A）と（B）が両方正解で6点。部分点はありません。

91)（A）眠　　　　　　　　　　　　　　　　（B）寝て
92)（A）いなけれ　　　　　　　　　　　　　（B）着く
93)（A）近づく　　　　　　　　　　　　　　（B）風
94)（A）考え　　　　　　　　　　　　　　　（B）聞いて
95)（A）嬉しさ　　　　　　　　　　　　　　（B）泣き

解答例　《　記述問題B　》各6点（30点）　　*部分点はありません。　　*記述問題A＋B＝計60点

96) たばこを吸いすぎない
97) 式の最中に席を
98) 部長に事情を説明しよう
99) 家族の協力を抜き
100) 青に変わるか変わらない

■　聴解問題　500点

《写真問題》 各5点（50点）	《聴読解問題》 各10点（100点）	《　応答問題　》 各10点（200点）		《　会話・説明問題　》 各10点（150点）	
1) 4	11) 3	21) 1	31) 3	41) 1	51) 3
2) 4	12) 2	22) 3	32) 2	42) 2	52) 2
3) 2	13) 2	23) 1	33) 3	43) 3	53) 3
4) 1	14) 1	24) 1	34) 2	44) 2	54) 1
5) 3	15) 2	25) 3	35) 2	45) 2	55) 3
6) 2	16) 4	26) 2	36) 2	46) 2	
7) 4	17) 2	27) 3	37) 3	47) 1	
8) 1	18) 1	28) 1	38) 2	48) 3	
9) 2	19) 3	29) 3	39) 3	49) 1	
10) 3	20) 4	30) 1	40) 3	50) 3	

第2回 A-Cレベル　聴解スクリプト

写真問題

例題の写真を見てください。
例題1　これは何ですか。
1　コップです。
2　いすです。
3　ノートです。
4　カメラです。

例題2　これで何をしますか。
1　すわります。
2　字を書きます。
3　水を飲みます。
4　写真をとります。
最も良いものは、例題1は1、例題2は3です。で
すから、例題1は1、例題2は3を例のようにマー
クします。

Aの写真を見てください。
問題1　男性は何を握っていますか。
1　シートベルトです。
2　エンジンです。
3　ガードレールです。
4　ハンドルです。

問題2　正しい説明はどれですか。
1　払い戻し中です。
2　組み立て中です。
3　レンタル中です。
4　ドライブ中です。

Bの写真を見てください。
問題3　これで何をしますか。
1　発明です。
2　注射です。
3　命令です。
4　工夫です。

問題4　どうやって使いますか。
1　皮膚に針を刺します。
2　指で穴を開けます。
3　つぶして腕に塗ります。
4　器に液体を注ぎます。

Cの写真を見てください。
問題5　これは何ですか。
1　杖です。
2　釣鐘です。
3　タワーです。
4　フィルターです。

問題6　正しい説明はどれですか。
1　垂れ下がっています。
2　そびえ立っています。
3　たるんでいます。
4　縮んでいます。

Dの写真を見てください。
問題7　ここはどこですか。
1　桟橋です。
2　証券取引所です。
3　灯台です。
4　介護施設です。

問題8　奥の女性について、正しい説明はどれです
　　　　か。
1　にこやかにほほ笑んでいます。
2　セクハラを受けています。
3　茶碗を放り出しています。
4　お手上げ状態です。

Eの写真を見てください。
問題9　書類を見たことを相手に伝える時、何と言
　　　　いますか。
1　書類を見られました。
2　書類を拝見しました。
3　書類をご覧いただきました。
4　書類をご覧になりました。

Fの写真を見てください。
問題10　エアコンクリーニングを依頼されて訪問
　　　　　しました。こんな時、何と言いますか。
1　エアコンの分解をいたします。
2　エアコンの選別が任務です。
3　エアコンの清掃に伺いました。
4　エアコンの廃棄でございます。

例題を見てください。男性と女性が、会社のロゴの位置について話しています。

例題１　男性はどの位置がいいと言っていますか。
例題２　女性はどの位置がいいと言っていますか。

————————————————————

男：名刺のデザインを変えるんだけど、会社のロゴの位置はどこがいいと思う？
女：住所の前がいいんじゃない？
男：うーん、でも、それじゃあ目立たないよ。会社名の前に大きく入れたら、どう？
女：えー、ロゴは控えめに、住所の前にあるほうがいいわよ。

————————————————————

例題１　男性はどの位置がいいと言っていますか。
例題２　女性はどの位置がいいと言っていますか。

最も良いものは、例題１は２、例題２は３です。ですから、例題１は２、例題２は３を例のようにマークします。

Ｇを見てください。
会社で女性と男性が飲み会の場所について話しています。

問題１１　男性が最初に行こうとしていた店はどこですか。
問題１２　女性がこれから行く店はどこですか。

————————————————————

女：仕事、まだ終わらないんですか。
男：ええ。飲み会、先に行っててください。郵便局の向かいの「まる屋」ですよね。
女：そっちじゃなくて、新しくできた方です。「まる屋２号店」。
男：２号店？　行ったことないなあ。
女：１号店より近いですよ。郵便局の手前の交差点に歯医者があるでしょう？　その斜め向かいです。もとは喫茶店だったところですよ。
男：ああ、あそこですね。

————————————————————

問題１１　男性が最初に行こうとしていた店はどこですか。
問題１２　女性がこれから行く店はどこですか。

Hを見てください。
会社で男性と女性が椅子の座り方について話していま
す。

問題１３　女性は今までどのように座っていました
　　　　　か。
問題１４　男性はこれからどのように座りますか。
ーーーーーーーーーーーーーーーーーーーーーー
男：中澤さん、今日は姿勢いいですね。
女：意識してるのよ。最近腰痛がひどくて、昨日病
　　院に行ったら、座り方が原因だと言われて。
男：そうなんですか。
女：いつもは猫背で、背中が丸くなっていたでしょ、
　　私。特にパソコン作業に集中すると頭が前に出
　　てしまって…。
男：そうでしたね。僕も背筋伸ばして座ろう。こん
　　な感じですか。
女：それは腰が反っちゃってるからやりすぎ。
男：あ、そうか。こうですね。僕も今日から意識し
　　ます。
ーーーーーーーーーーーーーーーーーーーーーー
問題１３　女性は今までどのように座っていました
　　　　　か。
問題１４　男性はこれからどのように座りますか。

Ｉを見てください。
女性と男性がアンケート結果を見ながら話していま
す。

問題１５　「人間関係」という項目はどれですか。
問題１６　「忙しい」という項目はどれですか。
ーーーーーーーーーーーーーーーーーーーーーー
女：これ、退職理由のアンケート結果だって。やっ
　　ぱり給料に不満がある人が一番多いね。
男：まあ、給料は高いほうがいいとは思うけど、僕
　　は人間関係のほうが大事だと思うな。僕の退職
　　もそのせいだし。
女：２番目に多い理由よね。それにひきかえ、私と
　　同じ理由を挙げた人は約１割か…。
男：でも、忙しすぎて心の病気になる人も多いし、
　　辞めてよかったんじゃない？
女：うん、私もそう思ってるよ。
ーーーーーーーーーーーーーーーーーーーーーー
問題１５　「人間関係」という項目はどれですか。
問題１６　「忙しい」という項目はどれですか。

Jを見てください。
女性がある自治体の問題点について話しています。

問題１７　問題点は大きく分けるといくつあります
　　　　　か。
問題１８　全ての問題点に関係している人は、どん
　　　　　な人ですか。
————————————————————

女：現在この市には、いくつか問題点があると考え
　　ています。まず、図書館の数が少なく不便なこ
　　とです。遠くまで足を運ばなければならず、特
　　に高齢者や小さい子供を抱えた母親は利用しづ
　　らくなっています。学校の図書館を市民に開放
　　したり、移動図書館のサービスがあったりする
　　といいと思います。次に子育てに関してですが、
　　交流の場が少なすぎます。育児で大変な時に同
　　じ境遇の人たちと話すことはとても救われます
　　から、公民館や保健センターなどで集まれる場
　　を提供してくれるとありがたいです。そして最
　　後は、公共の交通機関についてです。この市は
　　車がないと生活できない町になってしまってい
　　ます。ですから、高齢者の危険運転が目立ちま
　　すし、やはり小さなお子さんがいる家庭は、家
　　に引きこもりがちになっています。バスの本数
　　を増やすなどして、誰でも気軽に出かけられる
　　町にしてほしいです。
————————————————————

問題１７　問題点は大きく分けるといくつあります
　　　　　か。
問題１８　全ての問題点に関係している人は、どん
　　　　　な人ですか。

Kを見てください。
男性がマーケティング戦略について話しています。

問題１９　Ａ社がとった戦略はどれですか。
問題２０　Ｂ社がとった戦略はどれですか。
————————————————————

男：皆さんが日々頭を悩ませるのは、いかにして商
　　品を売るか、この一点に尽きると思います。そ
　　こで商品を売るための４つの戦略を図にまとめ
　　ました。プロダクト、プライス、プレイス、プ
　　ロモーションからなるこの４つのＰは、マーケ
　　ティングにおいて重要とされる基本的な考え方
　　です。例えば、競争の激しいビール業界トップ
　　のＡ社は、競合各社が酒屋や居酒屋を中心に販
　　路を拡大したのに対して、スーパーやショッピ
　　ングセンターなど、大型商業施設を中心に商品
　　を販売し成功を収めました。また、同じ飲料で
　　も、缶入りのお茶や缶コーヒーを販売している
　　Ｂ社では、他社との違いを出すために、大物タ
　　レントを起用したＣＭで話題になりました。缶
　　飲料は、価格帯が均一な上、中身においても差
　　別化を図ることが難しいので、Ｂ社のとった戦
　　略は見事に当たったというわけです。
————————————————————

問題１９　Ａ社がとった戦略はどれですか。
問題２０　Ｂ社がとった戦略はどれですか。

例題1　おはようございます。
1　おはようございます。
2　おやすみなさい。
3　さようなら。

例題2　お仕事は？
　　　　ー会社員です。
1　私も会社員じゃありません。
2　私も会社員です。
3　私も医者です。
最も良いものは、例題1は1、例題2は2です。ですから、例題1は1、例題2は2を例のようにマークします。

問題21　紅茶、こぼしちゃった。
1　熱くなかった？
2　砂糖、加えて。
3　服を畳もう。

問題22　会議、今週やるんでしたっけ？
1　わかりました。今週ですね。
2　ええ、先週やりましたね。
3　いえ、来週のはずですよ。

問題23　海の水がきれいですね。
1　ええ、透き通ってますね。
2　ええ、清書したようですね。
3　ええ、真っ黒に濁ってますね。

問題24　この花を庭に植えたいな。
1　じゃ、ここに穴を掘ろう。
2　じゃ、歌謡曲は避けよう。
3　じゃ、水で薄めよう。

問題25　この部屋、日当たりがいいね。
1　うん、暖房が効いてるからね。
2　うん、じゅうたんが敷いてあるからね。
3　うん、冬も暖かいんだ。

問題26　ちょっと、ボリューム下げてってば！
1　なんで？　おいしいよ。
2　ごめん。うるさかった？
3　いいよ。細かくするね。

問題27　きれいに磨いたね。
1　うん、ふわふわになった。
2　うん、のろのろになった。
3　うん、ぴかぴかになった。

問題28　経営がうまくいくかどうかは、あなたの努力次第ですよ。
1　はい、頑張ります。
2　いえ、私だと思います。
3　はい、努力はしません。

問題29　田中さん、書類出したのかなあ。
　　　　ーいや、まだみたいだよ。
1　提出しなかったためしがないよね。
2　田中さんだったためしがないよね。
3　期限を守ったためしがないよね。

問題30　朝からお腹壊してて…。
　　　　ー大丈夫？
1　うん、さっき薬飲んだから。
2　うん、食べる時間なかっただけだから。
3　うん、もう直したから。

問題31　契約はどうなりましたか。
　　　　ー先方が首を縦に振ってくれません。
1　縦の長さが足りないんでしょうか。
2　首が痛いのかもしれませんね。
3　何がネックになっているのでしょう。

問題32　これ、つまらないものですが、お納めください。
1　どうぞ、お気軽に。
2　ご丁寧に、どうも。
3　そんなことありません。

問題33　取引先の反応は？
1　ついに逆転されちゃった。
2　同意を求めようか。
3　どうにか納得してもらえたよ。

問題34　この報告書は主観が入りすぎていますね。
1　ええ、もっと楽観的に考えましょう。
2　ええ、もう少し客観的な見方が必要ですね。
3　ええ、そんなに悲観的に考えないでください。

問題３５　この絵、なかなかいいね。
1　吉田様は舌が肥えていらっしゃいますね。
2　さすが吉田様、お目が高い。
3　吉田様は鼻が利くんですね。

問題３６　今年の新入社員教育はどうしますか。
1　まず、カーペットを変えよう。
2　まず、オリエンテーションをしよう。
3　まず、ガイドブックを見てみよう。

問題３７　これ、ちょっとだぶだぶかなあ。
1　ちょっと電気を消そうか。
2　もう少しまとめたほうがいいね。
3　もうワンサイズ小さいほうがいいね。

問題３８　一息ついたらどうですか。
1　休んでる場合じゃないんです。
2　段取りあってのことですから。
3　遠慮するには及びません。

問題３９　最近、売り上げが芳しくないですね。
1　商品のアピール不足でしょうか。
2　タイミングを見計らいましょうか。
3　宣伝するにはもってこいですね。

問題４０　君は「ああ言えばこう言う」だな。
1　課長もご一緒にいかがですか。
2　すみません。何も言えなくて。
3　自分の意見を言ったまでです。

例題
――――――――――――――――――――
男：佐藤さん、明日の会議の資料はできましたか。
女：はい、できました。こちらです。
男：じゃ、10部コピーしておいてください。
女：あのう、コピーする前に内容をチェックしてい
　　ただけないでしょうか。
男：ええ、いいですよ。
女：お願いします。
――――――――――――――――――――
女性は男性に何をお願いしましたか。
＊1　資料のコピー
＊2　資料のチェック
＊3　資料の作成
最も良いものは2です。ですから、例のように2を
マークします。

1　家で夫と妻が話しています。この会話を聞いてください。

——————————————————
男：ただいま。はい、これ頼まれていたごみ袋。
女：ありがとう。
男：50枚入りで100円だったよ。白いのでよかったんだよね。
女：うん、そう。安かったね。あれ？　小さいね。
男：え？　サイズ間違えた？　交換して来ようか。
女：ううん、そのサイズも使ってるから。でも今必要なのは大きいのなんだよね。
男：わかった。明日でいい？
女：うん、よろしく。
——————————————————
問題４１　男性は何を間違えましたか。
＊１　ごみ袋の大きさ
＊２　ごみ袋の色
＊３　ごみ袋の数

問題４２　男性は明日、何をしますか。
＊１　ごみ袋の交換をお願いする。
＊２　ごみ袋を買う。
＊３　大きいごみを捨てる。

2　喫茶店で女性と男性が話しています。この会話を聞いてください。

——————————————————
女：ケンジ、話があるんだけど。
男：なんだよ、改まって。あ、借りてるお金？　ごめん、ごめん。来月バイト代入ったら必ず返すから。
女：ううん、そうじゃないわ。
男：え？　まさか結婚のこと？　もう少しでメジャーデビューできそうなんだよ。これまでも俺の歌手になる夢、応援してくれてただろ？　もう少しだけ待ってよ。ね？
女：それも違う。
男：じゃあ、何だよ。あ、誕生日忘れてたこと、まだ怒ってる？　ほんと、悪かったって。ね、許してよ。
女：…。そういうところ、全部うんざりよ。もう、無理。これで終わりにしましょう。私は自分のために生きることにする。今までありがとう。じゃ、元気でね。
男：え？　嘘だろ？　メグミ…。
——————————————————
問題４３　男性はどんな性格ですか。
＊１　気が短い。
＊２　頼もしい。
＊３　だらしない。

問題４４　男性について、会話の内容と合っているのはどれですか。
＊１　女性に告白された。
＊２　女性に振られた。
＊３　女性にプロポーズした。

3　男性と女性が勤めている会社について話しています。この会話を聞いてください。

————————————————

男：うちの会社、市のコンテストで賞をもらったらしいですよ。

女：ああ、残業が少ないとか、育児休暇が取得しやすいとか、そういう会社が選ばれる賞ですよね。

男：そう。でも、実際どうなんでしょうね。私はいくつかの会社で仕事を経験してますが、良くも悪くもないような気がしていますけどね。

女：まあ、様々なことを数字で表したらうちの会社が良かったんでしょうね。

男：そうかなあ。うちは市役所との付き合いも多いし、案外そういうところで選ばれるのかもしれませんよ。

女：まさか！　もっと関係の深い企業はたくさんありますよ。

————————————————

問題４５　男性は会社のことをどう思っていますか。
＊１　働きやすい制度が整っている。
＊２　特にいい点があるわけではない。
＊３　優秀な人材がいる。

問題４６　女性は賞がどうやって決まると言っていますか。
＊１　市民による投票で決まる。
＊２　統計データで決まる。
＊３　市役所との関係で決まる。

4　女性が新商品について話しています。この話を聞いてください。

————————————————

女：来月発売予定の新商品「シップアルファ」についてご説明いたします。今回我が社が湿布薬市場に新規参入を決めた背景には、国が保険医療費の抑制を目的にセルフメディケーションを推進していることがございます。「自分自身の健康に責任を持ち、軽度な身体の不調は自分で手当てすること」がセルフメディケーションの意味ですが、つまりは「軽い病気は病院に行かず薬局で薬を買って自分で治す」ということでしょう。今後、湿布薬市場はさらなる拡大傾向にあると判断し、肩凝りや腰痛を慢性的に抱える人が薬局で気軽に購入できる湿布薬を発売することになった次第です。競合他社製品と効能は同じで、価格を抑えた湿布薬となっております。

————————————————

問題４７　新商品の特徴はどれですか。
＊１　他社商品より安い。
＊２　他社商品よりよく効く。
＊３　他社商品より匂わない。

問題４８　女性の会社について、話の内容と合っているのはどれですか。
＊１　従来の自社商品の湿布薬を改良した。
＊２　セルフメディケーションに批判的である。
＊３　医薬品市場の成長を予測している。

5　会社で男性と女性が中高年のリストラについて話しています。この会話を聞いてください。

————————————————————

男：聞きました？　原さんもリストラですって。世間では人手不足だって言われてるのに、なんか矛盾してる気がしますね。

女：それは量的な意味じゃなくて質的な意味らしいですよ。

男：どういうことですか。

女：要するに、若くて優秀な人材が必要だってことです。

男：そんなあ。人生100年時代って言われてるのに、60歳手前でリストラされたら生活できないですよ。

女：でも中高年の転職市場も拡大してるらしいですよ。経験豊富な中高年は即戦力として中小企業から需要が高いんですって。原さんもすぐ次の仕事、見つけたそうですよ。

男：そうなんですか。

女：ええ。でも原さんみたいに他社に選ばれるためには、私達も今の状態に満足しないで自分のスキルを磨いたりネットワークを広げたりしないとですね。

————————————————————

問題49　女性は原さんがリストラにあった理由は何だと考えていますか。

＊1　別の人材を確保するため
＊2　業務を縮小するため
＊3　経験が不足していたため

問50　女性は何をしなければならないと言っていますか。

＊1　中高年のリストラ
＊2　即戦力となる人材の採用
＊3　スキルの向上やネットワークを拡大する努力

6　男性と女性が来週の新製品発表会について話しています。この会話を聞いてください。

————————————————————

男：準備、進んでる？

女：はい。あの、これ、メディア向けの資料ができました。チェックしていただけますか。

男：了解。あ、あと事前連絡のなかったメディアが参加することもあるから、資料は多めに用意しといてね。

女：はい。サンプルやお土産も同様ですね。

男：うん。それと参加予定のメディアのカメラの有無とか人数、緊急連絡先って控えてある？

女：はい、リスト化はまだですが。

男：じゃ、それは佐藤さんに頼もう。彼に指示してくれる？　それでできるだけ早く私に見せて。

女：はい。あ、それと発表用のスライドですが、この間お見せしたものでよろしいですか。

男：ああ、内容はいいんだけど、体裁が統一されてない部分があったから当日までに直しておいて。チェック入れておいたのを今から送るから。

女：わかりました。

————————————————————

問題51　女性はこの後まず何をしますか。

＊1　メディア向けの資料を作る。
＊2　お土産を準備する。
＊3　佐藤さんにリスト作成を依頼する。

問題52　男性はこの後まず何をしますか。

＊1　メディア向けの資料をチェックする。
＊2　チェックした発表用のスライドを女性に送る。
＊3　リスト化されたメディアの詳細を見る。

7 男性が子供の成長について話しています。この
  話を聞いてください。
—————————————————————————
男：子供の心は親への依存と自立の繰り返しで成長
  します。甘えて依存している時は安心を得られ
  ますが、不自由も感じています。逆に反抗し
  て自由を得ると今度は不安を感じ、再び甘えて
  安心を得ようとします。私は幼少期の甘えは成
  長には大事なことで、小学生までは甘えさせて
  いいと考えています。十分甘えさせてもらえた
  子が自立できるのです。でも、甘やかしてはい
  けません。「甘やかす」と「甘えさせる」は異
  なります。「甘やかす」は、金銭や欲しいもの
  など物質的な要求に無制限に応えること、「甘
  えさせる」は、「抱っこして」「話を聞いて」
  といった情緒的な要求に応えることです。子育
  てしているとどこまでが甘えさせることでどこ
  からが甘やかしになるのか、という疑問が出て
  くると思いますが、その疑問は正しい子育てを
  している証拠です。問題なのは、全て突き放す
  関わり、あるいは全て親が世話してしまう関わ
  りです。両極端にならないように親が悩みなが
  らラインを引いていくことが大事なのです。
—————————————————————————
問題５３　男性は、子供を甘えさせていいのはいつ
　　　　　までだと言っていますか。
＊１　自立するまで
＊２　中学生まで
＊３　小学生まで

問題５４　男性は、どんな要求には応えるべきだと
　　　　　言っていますか。
＊１　情緒的な要求
＊２　物質的な要求
＊３　金銭的な要求

問題５５　話の内容と合っているのはどれですか。
＊１　子供の心の成長には、親への依存が大切だ。
＊２　親に甘えさせないことが子供の自立につなが
　　　る。
＊３　親は子供への「甘えさせ」と「甘やかし」の
　　　線引きが必要だ。

これで聴解試験を終わります。

第3回　J. TEST実用日本語検定（A-Cレベル）
正解とスクリプト

■　読解・記述問題　500点

《 文法語彙問題 》 各5点（200点）				《 読解問題 》 各6点（120点）		《 漢字問題A 》 各4点（60点）	
1) 3	11) 1	21) 1	31) 3	41) 1	51) 3	61) 2	71) 4
2) 2	12) 1	22) 1	32) 3	42) 2	52) 1	62) 1	72) 2
3) 3	13) 1	23) 2	33) 4	43) 3	53) 2	63) 2	73) 1
4) 1	14) 2	24) 3	34) 1	44) 1	54) 3	64) 4	74) 4
5) 4	15) 2	25) 4	35) 4	45) 1	55) 1	65) 1	75) 3
6) 1	16) 4	26) 2	36) 2	46) 3	56) 2	66) 2	
7) 1	17) 4	27) 3	37) 4	47) 4	57) 4	67) 2	
8) 2	18) 1	28) 2	38) 1	48) 3	58) 1	68) 3	
9) 4	19) 3	29) 2	39) 1	49) 4	59) 4	69) 4	
10) 3	20) 1	30) 3	40) 4	50) 2	60) 3	70) 4	

《 漢字問題B 》 各4点（60点）　　*漢字問題A＋B＝計120点

76) うつく	80) あつ	84) けむ	88) へだ
77) ほうがく	81) ささ	85) めいしん	89) ほじゅう
78) まどがわ	82) ほぞん	86) すぎ	90) はんえい
79) ふく	83) さいくつ	87) いた	

解答例　　《 記述問題A 》 各6点（30点）　　*（A）と（B）が両方正解で6点。部分点はありません。

91)（A）降って　　　　　　　　　　　　（B）中止
92)（A）言った　　　　　　　　　　　　（B）手伝って
93)（A）すいて　　　　　　　　　　　　（B）食べていない
94)（A）いい　　　　　　　　　　　　　（B）風邪
95)（A）卒業して　　　　　　　　　　　（B）会って

解答例　　《 記述問題B 》 各6点（30点）　　*部分点はありません。　　*記述問題A＋B＝計60点

96)　魚は変なにおいが
97)　まるで冬に戻った
98)　田中さんのおかげで完成すること
99)　あるものの何も
100)　焼けたと聞き、悲しくて

■　聴解問題　500点

《写真問題》 各5点（50点）	《聴読解問題》 各10点（100点）	《 応答問題 》 各10点（200点）		《 会話・説明問題 》 各10点（150点）	
1) 4	11) 3	21) 2	31) 2	41) 2	51) 1
2) 3	12) 2	22) 2	32) 1	42) 3	52) 2
3) 4	13) 3	23) 3	33) 3	43) 3	53) 3
4) 2	14) 2	24) 1	34) 3	44) 1	54) 2
5) 3	15) 2	25) 2	35) 2	45) 3	55) 1
6) 2	16) 4	26) 1	36) 1	46) 2	
7) 1	17) 1	27) 1	37) 3	47) 1	
8) 3	18) 4	28) 3	38) 2	48) 3	
9) 1	19) 2	29) 1	39) 2	49) 1	
10) 3	20) 1	30) 1	40) 2	50) 2	

第3回 A-Cレベル 聴解スクリプト

写真問題

例題の写真を見てください。
例題1　これは何ですか。
1　コップです。
2　いすです。
3　ノートです。
4　カメラです。

例題2　これで何をしますか。
1　すわります。
2　字を書きます。
3　水を飲みます。
4　写真をとります。
最も良いものは、例題1は1、例題2は3です。ですから、例題1は1、例題2は3を例のようにマークします。

Aの写真を見てください。
問題1　これは何ですか。
1　ほうきです。
2　マスクです。
3　ぞうきんです。
4　ドライヤーです。

問題2　これで何をしますか。
1　髪を濡らします。
2　髪を結びます。
3　髪を乾かします。
4　髪を拭きます。

Bの写真を見てください。
問題3　これは何ですか。
1　ヨットです。
2　ジェットコースターです。
3　ロケットです。
4　ボートです。

問題4　正しい説明はどれですか。
1　敵を攻撃しています。
2　水上を進んでいます。
3　岩を砕いています。
4　宇宙に向かっています。

Cの写真を見てください。
問題5　ここはどこですか。
1　居酒屋です。
2　診察室です。
3　倉庫です。
4　停留所です。

問題6　正しい説明はどれですか。
1　エネルギーが蓄えられています。
2　段ボールが積んであります。
3　部品が展示されています。
4　ステージが組み立ててあります。

Dの写真を見てください。
問題7　何をしていますか。
1　ラケットを掲げています。
2　空を仰いでいます。
3　草をむしっています。
4　ボールを蹴飛ばしています。

問題8　正しい説明はどれですか。
1　ソックスをはいています。
2　スポーツカーが止まっています。
3　襟付きのシャツを着ています。
4　パレードを行っています。

Eの写真を見てください。
問題9　同僚の田中さんが会社を休んでいることを伝えます。こんな時、何と言いますか。
1　田中はお休みをいただいております。
2　田中を休ませてくださいませんか。
3　田中さんに休みをいただきました。
4　田中さんに休ませてもらっています。

Fの写真を見てください。
問題10　客を見送ります。こんな時、何と言いますか。
1　ご清聴いただき、ありがとうございました。
2　ご拝聴いただき、ありがとうございました。
3　ご足労いただき、ありがとうございました。
4　ご捺印いただき、ありがとうございました。

例題を見てください。男性と女性が、会社のロゴの位置について話しています。

例題1　男性はどの位置がいいと言っていますか。
例題2　女性はどの位置がいいと言っていますか。

————————————————————————

男：名刺のデザインを変えるんだけど、会社のロゴの位置はどこがいいと思う？
女：住所の前がいいんじゃない？
男：うーん、でも、それじゃあ目立たないよ。会社名の前に大きく入れたら、どう？
女：えー、ロゴは控えめに、住所の前にあるほうがいいわよ。

————————————————————————

例題1　男性はどの位置がいいと言っていますか。
例題2　女性はどの位置がいいと言っていますか。

最も良いものは、例題1は2、例題2は3です。ですから、例題1は2、例題2は3を例のようにマークします。

Gを見てください。
女性と男性が新商品発表会の準備について話しています。

問題11　男性はこのあとまず何をしますか。
問題12　女性はこのあとまず何をしますか。

————————————————————————

女：ポスター、持って来ました。
男：ありがとうございます。そこの壁に貼ってください。それが終わったら受付を手伝ってください。
女：わかりました。あのう、椅子は…。
男：あ、並べなきゃ。私が今からやります。あれ？足りませんね。すみませんが、山田さんに電話して、椅子をあと10持って来るように伝えてくれませんか。ポスターはその後でお願いします。
女：わかりました。

————————————————————————

問題11　男性はこのあとまず何をしますか。
問題12　女性はこのあとまず何をしますか。

Hを見てください。
英語教室で働く男性と女性がパンフレットを見ながら話しています。

問題１３　女性が修正したほうがいいと思ったのはどれですか。
問題１４　男性がこれから修正するのはどれですか。

──────────────────────

男：本田さん、新しいパンフレットを作りました。いかがでしょうか。

女：どれどれ。へえ、この地球のイラスト、かわいいね。あれ？　このトム先生、だいぶ昔の写真じゃない？　変えたほうがいいよ。

男：あ、それは先生に確認したら、問題ないとのことでした。

女：そう。他の社員からはどんな意見が出たの？

男：料金表が小さすぎるということと、周辺の地図がわかりにくいということです。この２つは修正する予定です。

女：でも、うちの教室の周りには目印になるような建物がないし、これ以上は直しようがないんじゃないかな。こっちはこのままでいいよ。

男：そうですか。では、修正はこの部分のみにします。

──────────────────────

問題１３　女性が修正したほうがいいと思ったのはどれですか。
問題１４　男性がこれから修正するのはどれですか。

Ｉを見てください。
家で妻と夫がチラシを見ながら話しています。

問題１５　夫が最初に欲しがったのはどれですか。
問題１６　このあと二人が頼むのはどれですか。

──────────────────────

女：駅前のお店のポイント、結構貯まってるでしょう？　何か商品と交換しようよ。

男：いいね。あ、これいいなあ。最近、忙しくて外食もできてないから。

女：え、お肉？　私達、出張が多いから配達されても受け取れないかもよ。それよりこれがいいわ。今使っているの調子悪いから、新しいの欲しいな。

男：いいね。ん？　よく見てよ。今、僕が使えるのは10,000ポイントだから足りないよ。

女：あら、本当だ。残念。でも、食器ももう棚に入りきらないほどあるし、困ったわね。

男：あ、家族ならポイントを足して交換できるって書いてあるよ。二人の合計ポイントなら大丈夫だよ。

女：じゃ、これに決めましょう。

──────────────────────

問題１５　夫が最初に欲しがったのはどれですか。
問題１６　このあと二人が頼むのはどれですか。

Jを見てください。
会社で男性と女性が社内アンケートの結果について話しています。

問題１７　女性はグラフのどこに当てはまりますか。
問題１８　男性はグラフのどこに当てはまりますか。
ーーーーーーーーーーーーーーーーーーーーー
男：先日「職場内の不満・悩み」についてアンケートがありましたよね。あの結果、もう見ましたか。
女：ああ、これですか。予想通りという感じですね。
男：私は社員の過半数が「人間関係」で悩んでいるなんて思いもしませんでした。
女：まさに私ですよ。最近入ったアルバイトが仕事が遅くて。色々と注意したら「私だって頑張ってるのに」って泣かれちゃって参ってるんです。
男：へえ、大変ですね。私の場合は「仕事内容」です。社内ではほんの数パーセントのようですけど。
女：えっ！　この間新しいプロジェクトを任されたばかりですよね。張り切ってたじゃないですか。
男：それが途中で別のプロジェクトチームに異動になったんです。やる気なくなっちゃいましたよ。
女：へえ。人の悩みはそれぞれですね。
ーーーーーーーーーーーーーーーーーーーーー
問題１７　女性はグラフのどこに当てはまりますか。
問題１８　男性はグラフのどこに当てはまりますか。

Kを見てください。
受賞パーティーで男性がスピーチしています。

問題１９　男性の職業は何ですか。
問題２０　男性がもらったのは何の賞ですか。
ーーーーーーーーーーーーーーーーーーーーー
男：西本です。このような賞をいただき光栄でございます。そもそも私は学生時代、経営を学びつつも小説家というものに憧れておりまして、そのまねごとなどもしていたのですが、とことん才能はなく、家業を継いで金属加工の仕事を始めました。製造業というのはやってみれば案外面白く、仕事一筋30年も過ぎた頃でしょうか、あるテレビ番組の取材を通じて、島田製薬の島田社長とお付き合いが始まりました。島田社長は知る人ぞ知る俳句の名手であり、また囲碁も有段者、ゴルフもプロ級の腕前という大変な遊び人、いえ趣味人でいらっしゃるわけですが、「おい西本、そんな仕事ばかりじゃパンクするぞ」とアドバイスをいただき始めたのが俳句でございます。それから15年、１日１句を目標にコツコツと続けて参ったのが認められ、大変嬉しく存じております。
ーーーーーーーーーーーーーーーーーーーーー
問題１９　男性の職業は何ですか。
問題２０　男性がもらったのは何の賞ですか。

例題1　おはようございます。
1　おはようございます。
2　おやすみなさい。
3　さようなら。

例題2　お仕事は？
　　　　　―会社員です。
1　私も会社員じゃありません。
2　私も会社員です。
3　私も医者です。
最も良いものは、例題1は1、例題2は2です。ですから、例題1は1、例題2は2を例のようにマークします。

問題21　ちょっと寒くない？
1　うん、冷房つけようか。
2　うん、暖房つけようか。
3　うん、乾燥しているからね。

問題22　雨が降らないうちに帰ったほうがいいよ。
1　早く着替えよう。
2　傘があるから大丈夫。
3　まだ止んでないんだね。

問題23　マラソン大会、出ないんですか。
1　ええ、検査結果に満足しました。
2　ええ、苦手な練習を克服しました。
3　ええ、足が痛いので断念しました。

問題24　どうやって彼と出会ったんですか。
1　知人の紹介です。
2　未成年のときです。
3　テイクアウトです。

問題25　医療関係の仕事に就こうと思っています。
1　これから販売の仕事は大変だよ。
2　病院で働くの？
3　車が好きなんだね。

問題26　左右のバランスが悪いですか。
1　うん、右が大きいね。
2　うん、医者に通ってるみたい。
3　うん、課長の立場が悪くなったよ。

問題27　我が社の新製品が雑誌に取り上げられました。
1　じゃ、ますます忙しくなりそうですね。
2　ぴかぴかにするのは大変ですね。
3　いつもまごまごしていますね。

問題28　個人情報はお答えしかねます。
1　そうですか。助かります。
2　まず、私から質問してもよろしいですか。
3　わかりました。仕方がありませんね。

問題29　すごい、昇進じゃない！
　　　　　―いやいや、責任も重くなるんだよ。
1　そっか。喜んでばかりもいられないね。
2　そっか。心配しないではいられないね。
3　そっか。用心するに越したことはないね。

問題30　佐田さんってどんな人？
　　　　　―よくからかってくる人だよ。
1　え。ちょっとうっとうしいな。
2　平均はいくつ？
3　ずぶぬれじゃないですか。

問題31　最近疲れがとれなくて。
　　　　　―生活が不規則だからじゃない？
1　そうだね。決まりを守らないとね。
2　そうだね。睡眠時間が足りてないな。
3　そうだね。マッサージが効いたのかも。

問題32　どうして落ち込んでるの？
1　先輩に叱られてね。
2　お腹が痛いんだ。
3　今日、デートなの。

問題33　展示会、予定通りできますかね。
1　ええ、演説があるかもしれませんね。
2　ええ、お参りしたほうがよさそうですね。
3　ええ、延期になるかもしれませんね。

問題34　アルバイトは何人ぐらい募集予定ですか。
1　署名が必要です。
2　一人っ子です。
3　若干名です。

問題35　今年の新入社員は生意気ですね。
1　ええ、なかなか謙虚みたいだね。
2　ほんと、図々しいところがあるね。
3　ほんと、愛情豊かなんだね。

問題３６　鈴木先輩、指示が細かいね。
1　うん、ノイローゼになりそう。
2　うん、ウイルスに気をつけないと。
3　うん、カルテに書いてあるよ。

問題３７　社長のつまらない話を毎朝聞かされるんだよ。
1　え？　こっそりしたほうがいいよ。
2　確かにがっしりしているね。
3　へえ、うんざりするね。

問題３８　彼に連絡するすべがないんです。
1　じゃ、まず電話してみてください。
2　それは、困りましたね。
3　きっと忙しいんですよ。

問題３９　部長に対してあの言い方はダメですよ。
1　舌が肥えているんです。
2　酔ったはずみで、つい…。
3　口が寂しかったものですから。

問題４０　能ある鷹は爪を隠すって言うでしょ。
1　はい。自己主張って大事ですよね。
2　はい。今後は自重します。
3　はい。見せつけないでください。

「＊」の部分は録音されていません。

例題
——————————————————————
男：佐藤さん、明日の会議の資料はできましたか。
女：はい、できました。こちらです。
男：じゃ、10部コピーしておいてください。
女：あのう、コピーする前に内容をチェックしていただけないでしょうか。
男：ええ、いいですよ。
女：お願いします。
——————————————————————
女性は男性に何をお願いしましたか。
＊1　資料のコピー
＊2　資料のチェック
＊3　資料の作成
最も良いものは２です。ですから、例のように２をマークします。

1　家で父親と娘が話しています。この会話を聞いて
　　ください。
ーーーーーーーーーーーーーーーーーーーーーーーー
男：春香、誕生日プレゼント、何が欲しい？
女：ペットを飼いたいなあ。犬がいい。
男：ダメダメ。世話できないでしょ？
女：するよ。毎日散歩に連れて行くから。
男：ダーメ。だいぶ前に春香が鳥が欲しいって言った
　　から買ったけど、毎日お母さんが餌や水をやって
　　たよね。だから動物はダメだよ。
女：えー、わかったよ。じゃ、ゲームソフト。
男：またか。仕方ないな。
女：わあ、何にしようかな。
ーーーーーーーーーーーーーーーーーーーーーーーー
問題４１　娘は最初、何が欲しいと言いましたか。
＊１　鳥
＊２　犬
＊３　ゲームソフト

問題４２　誰が鳥の世話をしていましたか。
＊１　娘
＊２　父
＊３　母

2　会社で女性と男性が歓迎会について話しています。
　　この会話を聞いてください。
ーーーーーーーーーーーーーーーーーーーーーーーー
女：ねえ、新入社員の歓迎会の店、もう予約した？
男：それがまだなんだ。森さんは出張かもしれないし。
　　人数が決まらなくてさ。
女：だいたいの人数でいいから予約して。早くしない
　　と予約取れなくなるよ。人数が減ったら前日まで
　　にキャンセルすればいいんだから。
男：わかったよ。でもまず、森さんが来られるかどう
　　か確認してみるよ。彼、飲み会好きだから。
女：あ、私、今からミーティングで森さんに会うんだ
　　った。どうなったか聞いてすぐ連絡するね。
男：助かるよ。よろしく。
ーーーーーーーーーーーーーーーーーーーーーーーー
問題４３　男性はこのあと何をしますか。
＊１　森さんに連絡する。
＊２　店をキャンセルする。
＊３　女性の連絡を待つ。

問題４４　女性はこのあと何をしますか。
＊１　森さんの予定を聞く。
＊２　男性とミーティングに参加する。
＊３　歓迎会の店を決める。

3　男性がステーキの焼き方について話しています。この話を聞いてください。

──────────────────────────

男：皆さんはステーキをどのように焼いていますか。「肉が固くなるので塩は焼く直前に」などという情報もありますが、それでは塩が十分に肉に染みませんし、焼くと表面についた塩だけが焦げてしまいます。それではいつ塩を振ればいいのかというと、冷蔵庫から出したタイミングです。冷たい肉は焼けるまでに時間がかかりますから、焼く30分から1時間前に冷蔵庫から出しておくといいのですが、その時に塩を肉の両面に振っておくのがちょうどいいんです。そして強火で肉の表面の色が変わるまで焼き、裏返したらすぐに火を止めます。厚さ1センチ程度のステーキはこの方法が一番美味しく焼けるのです。

──────────────────────────

問題45　男性はいつ肉に塩を振ればいいと言っていますか。
＊1　肉を買ってすぐ
＊2　焼くすぐ前
＊3　焼く30分から1時間前

問題46　男性はどのように焼くのがいいと言っていますか。
＊1　冷蔵庫から出してすぐに焼き始める。
＊2　表面の色が変わったら裏返し、すぐ火を止める。
＊3　弱い火で温めてから最後に強い火で焼く。

4　観光バスのガイドがツアースケジュールについて話しています。この話を聞いてください。

──────────────────────────

女：皆様、それでは本日の予定をご説明します。10時20分頃、サービスエリアに寄って最初のトイレ休憩を取ります。それから山中美術館を訪問し、有村ホテルで昼食となります。その後、若草神社、ワイン工場の見学を経て、17時頃、東海駅に到着予定です。下車の際は貴重品を必ずご携帯ください。また、集合時間までに必ずバスにお戻りくださいますようお願いいたします。皆様、こちらの窓をご覧ください。このようにこのツアーのロゴマーク、猫のシールが貼ってございます。似たようなバスが多数ございますので、お戻りの際はこのマークをご確認いただき、お乗り間違いがないようにご注意ください。

──────────────────────────

問題47　バスはこのあとまず、どこに行きますか。
＊1　サービスエリア
＊2　ホテル
＊3　美術館

問題48　バスガイドが参加者に注意したことは何ですか。
＊1　猫のシールを目立つところに貼ること
＊2　バスに乗る前に必ずトイレに行くこと
＊3　バスを乗り間違えないようにすること

5　会社で男性と女性がテレワークについて話しています。この会話を聞いてください。

――――――――――――――――――

男：あ、吉井さん、久しぶりですね。お互いにテレワークですもんね。どうですか。慣れました？

女：ええ。テレワークはメリットが多くて大歓迎です。往復の通勤時間は無駄だと思っていましたし。ただ、情報が外部に漏れたりしないかが心配ですけどね。

男：それはうちの会社のセキュリティシステムなら問題ありませんよ。それより僕はリモートの商談に不慣れなせいか話が弾まないんです。対面だとスムーズにできるんですが。

女：大丈夫ですよ。回数を重ねればコツが掴めるんじゃないですか。

男：そうですかね。頑張らないと。

――――――――――――――――――

問題４９　女性がテレワークにおいて心配していることは何ですか。

＊１　セキュリティ対策が万全かどうか
＊２　オンライン会議がスムーズにできるかどうか
＊３　会社のシステムが使えるかどうか

問題５０　今、男性が困っていることは何ですか。

＊１　会社の人と会えないこと
＊２　オンライン商談で客とうまく話せないこと
＊３　商談の機会が減っていること

6　女性と男性が会社の慣習について話しています。この会話を聞いてください。

――――――――――――――――――

女：部長、新入社員の社内清掃の件でご相談があるんですが。

男：ん？　何かな。

女：私が仕事を教えている新人ですが、掃除に時間を取られてなかなか仕事が進まないんです。私も新人の時、それで大変だったんです。

男：まあ、会社の決まりだし、掃除は誰かがやらなくちゃならないから…。

女：ですが、できるだけ仕事に集中させてあげたいんです。私の業務にも支障が出ますし…。外部の清掃業者に委託することはできないでしょうか。

男：なるほど、清掃業者か。でもずっと続いてきた慣習だからなあ。まあ、次の部長会議で議題に挙げてみるよ。

女：はい、ぜひお願いします。

――――――――――――――――――

問題５１　女性が提案したことは何ですか。

＊１　新入社員を清掃業務から外すこと
＊２　清掃業者を他の業者に変えること
＊３　会社の慣習を継続させること

問題５２　男性はこのあと何をしますか。

＊１　新入社員を集めて会議を開く。
＊２　次回の会議で提案する。
＊３　清掃業者に仕事を依頼する。

7　女性が経営している店の戦略について話しています。この話を聞いてください。

────────────────────

女：店の売り上げが低迷した時期に、私がまず行ったのは現状を把握することでした。新規のお客様が減っていることが原因なのか、それとも前から来ていただいているお客様を失っているのが原因なのかによって、対策は変わってくるからです。調べたところ、当店では既存のお客様のリピート率が低いことが売り上げの低迷に影響していることがわかりました。そこで、新しい試みを始めました。まず、次回の来店時に使用できる期限付きのチケットを割引価格で販売しました。また、ご来店後１か月経った時期に、スタイリストから次回のヘアスタイルのご提案をメールでお送りするようにしました。実はこれがお客様に大変ご好評をいただいており、再来店率を上げることにつながりました。

────────────────────

問題５３　女性が経営しているのはどんな店ですか。
＊１　洋服屋
＊２　飲食店
＊３　美容院

問題５４　女性が着目した店の売り上げに影響している要因は何ですか。
＊１　新規の客が減っていること
＊２　既存の客の再来店率が低いこと
＊３　客単価が安いこと

問題５５　女性の店が始めたサービスは何ですか。
＊１　来店１か月後のメール連絡
＊２　ポイントカードの導入
＊３　新メニューの予告

これで聴解試験を終わります。

第４回　J. TEST実用日本語検定（A-Cレベル）
正解とスクリプト

■　読解・記述問題　500点

《 文法語彙問題 》 各５点（200点）				《 読解問題 》 各６点（120点）		《 漢字問題Ａ 》 各４点（60点）	
1) 2	11) 4	21) 3	31) 4	41) 1	51) 4	61) 2	71) 1
2) 2	12) 4	22) 3	32) 2	42) 3	52) 4	62) 1	72) 2
3) 3	13) 3	23) 2	33) 4	43) 3	53) 3	63) 1	73) 4
4) 1	14) 1	24) 2	34) 4	44) 2	54) 1	64) 2	74) 3
5) 3	15) 3	25) 1	35) 3	45) 3	55) 4	65) 3	75) 4
6) 4	16) 4	26) 3	36) 1	46) 4	56) 3	66) 2	
7) 4	17) 1	27) 1	37) 1	47) 4	57) 2	67) 4	
8) 3	18) 2	28) 4	38) 2	48) 1	58) 4	68) 3	
9) 4	19) 2	29) 1	39) 3	49) 4	59) 1	69) 4	
10) 1	20) 1	30) 1	40) 2	50) 2	60) 2	70) 1	

《 漢字問題B 》各４点（60点）　　*漢字問題Ａ＋Ｂ＝計120点

76) ねだん　　　　　　80) めずら　　　　　　84) とうてい　　　　　88) こうけん
77) あま　　　　　　　81) みだ　　　　　　　85) へいぼん　　　　　89) いや
78) たが　　　　　　　82) せいそう　　　　　86) しょさい　　　　　90) とら
79) きふ　　　　　　　83) よご　　　　　　　87) わずら

解答例　《 記述問題Ａ 》各６点（30点）　*（Ａ）と（Ｂ）が両方正解で６点。部分点はありません。
91)（Ａ）ばかり　　　　　　　　　　　　　（Ｂ）ほう
92)（Ａ）合格　　　　　　　　　　　　　　（Ｂ）おかげ
93)（Ａ）出る　　　　　　　　　　　　　　（Ｂ）開け
94)（Ａ）子供　　　　　　　　　　　　　　（Ｂ）人気
95)（Ａ）道　　　　　　　　　　　　　　　（Ｂ）着け

解答例　《 記述問題Ｂ 》各６点（30点）　　*部分点はありません。　*記述問題Ａ＋Ｂ＝計60点

96)　田中さんが行かないなら
97)　もらったお金を使い
98)　会社に遅刻したせいで
99)　大切なテストを欠席せ
100)　話を聞かないこと

■　聴解問題　500点

《写真問題》 各５点（50点）	《聴読解問題》 各10点（100点）	《 応答問題 》 各10点（200点）		《 会話・説明問題 》 各10点（150点）	
1) 4	11) 1	21) 3	31) 2	41) 2	51) 1
2) 2	12) 2	22) 3	32) 2	42) 2	52) 3
3) 3	13) 3	23) 1	33) 1	43) 2	53) 2
4) 3	14) 2	24) 2	34) 1	44) 1	54) 3
5) 4	15) 4	25) 3	35) 2	45) 3	55) 2
6) 2	16) 1	26) 2	36) 3	46) 2	
7) 2	17) 1	27) 2	37) 3	47) 1	
8) 3	18) 4	28) 3	38) 2	48) 1	
9) 1	19) 1	29) 3	39) 1	49) 1	
10) 1	20) 2	30) 1	40) 3	50) 2	

写真問題

例題の写真を見てください。
例題1　これは何ですか。
1　コップです。
2　いすです。
3　ノートです。
4　カメラです。

例題2　これで何をしますか。
1　すわります。
2　字を書きます。
3　水を飲みます。
4　写真をとります。
最も良いものは、例題1は1、例題2は3です。ですから、例題1は1、例題2は3を例のようにマークします。

Aの写真を見てください。
問題1　男性は何を持っていますか。
1　スポンジです。
2　ティッシュです。
3　ビニールです。
4　タオルです。

問題2　何をしていますか。
1　あくびをしています。
2　汗を拭いています。
3　拍手をしています。
4　シャツを畳んでいます。

Bの写真を見てください。
問題3　これは何ですか。
1　消火器です。
2　体温計です。
3　ミシンです。
4　ろうそくです。

問題4　これで何をしますか。
1　傷を消毒します。
2　休憩します。
3　服を縫います。
4　分解します。

Cの写真を見てください。
問題5　ここはどこですか。
1　マンションです。
2　ステージです。
3　オフィスです。
4　ホームです。

問題6　正しい説明はどれですか。
1　改札が開いています。
2　電車が停車しています。
3　乗客があふれています。
4　電車が脱線しています。

Dの写真を見てください。
問題7　これは何ですか。
1　夕焼けです。
2　昆虫です。
3　岩石です。
4　花壇です。

問題8　正しい説明はどれですか。
1　羽をねじっています。
2　羽をちぎっています。
3　羽をつまんでいます。
4　羽をつついています。

Eの写真を見てください。
問題9　客に資料を見せます。こんな時、何と言いますか。
1　こちらをご覧ください。
2　こちらを拝見いたします。
3　こちらをお見せくださいませ。
4　こちらを見させていただきます。

Fの写真を見てください。
問題10　社長に褒められました。こんな時、何と言いますか。
1　過分なお言葉をいただき、恐縮です。
2　過大評価をいただき、光栄です。
3　過小評価をいただき、恐れ入ります。
4　不当な待遇をいただき、痛み入ります。

例題を見てください。男性と女性が、会社のロゴの位置について話しています。
例題1　男性はどの位置がいいと言っていますか。
例題2　女性はどの位置がいいと言っていますか。
ーーーーーーーーーーーーーーーーーーーー
男：名刺のデザインを変えるんだけど、会社のロゴの位置はどこがいいと思う？
女：住所の前がいいんじゃない？
男：うーん、でも、それじゃあ目立たないよ。会社名の前に大きく入れたら、どう？
女：えー、ロゴは控えめに、住所の前にあるほうがいいわよ。
ーーーーーーーーーーーーーーーーーーーー
例題1　男性はどの位置がいいと言っていますか。
例題2　女性はどの位置がいいと言っていますか。
最も良いものは、例題1は2、例題2は3です。ですから、例題1は2、例題2は3を例のようにマークします。

Gを見てください。
男性と女性が結婚のお祝いについて話しています。

問題11　女性がもらったものはどれですか。
問題12　男性があげるものはどれですか。
ーーーーーーーーーーーーーーーーーーーー
男：結婚する友達にお祝いをあげようと思ってるんだ。島田さんが結婚した時は何もらった？
女：私は料理が好きだからフライパンをもらったよ。
男：へえ。じゃ、友達にもそれにしようっと。
女：待って。その友達、料理が好きなの？　その人が使いそうなもののほうがいいと思うよ。
男：じゃあ、お茶をよく飲むから湯のみがいいか。
女：割れ物はお祝いにはよくないよ。
男：うーん、じゃ、友達が好きなお茶？
女：えっ。お茶は普通、お葬式の時に配るものだから…。お祝い金が一番いいんじゃない？
男：そっか。そうするよ。
ーーーーーーーーーーーーーーーーーーーー
問題11　女性がもらったものはどれですか。
問題12　男性があげるものはどれですか。

Hを見てください。
女性と男性が花の植え方について話しています。

問題１３　女性が難しいと言ったのはどの並べ方で
　　　　　すか。
問題１４　女性はこれからどのようにしますか。
ーーーーーーーーーーーーーーーーーーーーーーー
女：公園の花の並べ方なんですが、今までにないデ
　　ザインを考えているんです。こんな風に斜めに
　　並べるのはどうかなあと…。
男：あ、これ、数年前にやって、あまり人気なかっ
　　たですよ。あちこちに植えて、自然に花が咲い
　　ているようにするのはどうですか。
女：素敵ですがバランスが難しそうですね。じゃ、
　　こういう風に丸く置くのはどうでしょう。
男：ああ、円ですか。いいと思いますよ。
女：じゃあ、ちょっとやってみます。
ーーーーーーーーーーーーーーーーーーーーーーー
問題１３　女性が難しいと言ったのはどの並べ方で
　　　　　すか。
問題１４　女性はこれからどのようにしますか。

Ｉを見てください。
会社で男性と女性がコンビニの売り上げについて話
しています。

問題１５　南町店はどれですか。
問題１６　北町店はどれですか。
ーーーーーーーーーーーーーーーーーーーーーーー
男：酒井さん、北町、南町、東町、西町の４店舗の
　　去年１年の売り上げです。
女：どれどれ。南町店は例年通りね。
男：ええ、大学の近くなので、春休みと夏休みの時
　　期はどうしても伸びないんですよね。
女：そうね。東町店は８月からすごいじゃない。年
　　末には西町店を抜いてるわ。
男：８月に店内を改装して入りやすくなったのが効
　　いていると思います。一方、西町店は近くのオ
　　フィスビルが７月に閉鎖してしまった影響で利
　　用客が減ってしまいました。
女：なるほどね。北町店は６月に何かあったの？
男：近くにスーパーが出来たんですよ。でも、スー
　　パーとの差別化を図ってなんとか持ち直しまし
　　た。
ーーーーーーーーーーーーーーーーーーーーーーー
問題１５　南町店はどれですか。
問題１６　北町店はどれですか。

Ｊを見てください。
電話で男性と女性が話しています。

問題１７　二人は明日、何時に取引先に行きますか。
問題１８　女性はこのあと、誰に連絡しますか。
ーーーーーーーーーーーーーーーーーーーー
男：はい、製造部の赤西です。
女：お疲れさまです。営業部の石川です。溜池自動
　　車様に納入したバッテリーの件でクレームが入
　　ってしまいまして…。開発部も含め、先方に伺
　　って事情を聞く機会を設けたいのですが。
男：了解しました。いつですか。
女：先方は明日の９時から15時頃までを希望されて
　　います。
男：開発部の都合は？
女：明日なら何時でも大丈夫とのことですが、私の
　　方が営業部のミーティングが午前中にあるので、
　　午後から伺いたいと思っています。ご都合いか
　　がでしょうか。
男：こういうのは早いほうがいいですから、朝一番
　　に伺いましょう。ミーティングは調整してくだ
　　さい。
女：あ、はい。わかりました。では、先方に連絡し
　　ておきます。
男：できれば現場で見せていただきたいですね。
女：そうですね。その旨も伺ってみます。
ーーーーーーーーーーーーーーーーーーーー
問題１７　二人は明日、何時に取引先に行きますか。
問題１８　女性はこのあと、誰に連絡しますか。

Ｋを見てください。
あるセミナーで男性が就職を控えた学生に話してい
ます。

問題１９　男性が入社前には必要ないと考えている
　　　　　のはどれですか。
問題２０　「生活習慣の見直し」はどれですか。
ーーーーーーーーーーーーーーーーーーーー
男：こちらは当就職情報誌が昨年就職活動をした学
　　生に行ったアンケート結果です。入社までに行
　　ったこととして最も多かったのは「資格の取
　　得」、次いで「パソコンスキルの向上」、「企
　　業研究」と続きます。皆さん本当に真面目です
　　よね。しかし、これらのことは、実務に携わっ
　　てからで十分だ、というのが私の考えです。そ
　　れよりも、学生時代は自分の時間を大切にして
　　ほしいと思います。それこそアンケートでは最
　　下位ですが、長期の海外旅行に出かけるのもい
　　いでしょう。一見、遊んでいるように見えるか
　　もしれませんが、見聞を広めることに繋がりま
　　す。それがやがて仕事にも活かされるでしょう。
　　また、注目すべきはおととし６位から２ランク
　　アップした「生活習慣の見直し」です。夜型生
　　活の方が多いかと思いますが、これは是非見直
　　しておいたほうがいいですね。
ーーーーーーーーーーーーーーーーーーーー
問題１９　男性が入社前には必要ないと考えている
　　　　　のはどれですか。
問題２０　「生活習慣の見直し」はどれですか。

例題１　おはようございます。
1　おはようございます。
2　おやすみなさい。
3　さようなら。

例題２　お仕事は？
　　　　－会社員です。
1　私も会社員じゃありません。
2　私も会社員です。
3　私も医者です。
最も良いものは、例題１は１、例題２は２です。ですから、例題１は１、例題２は２を例のようにマークします。

問題２１　お支払い方法は？
1　お釣りを確かめてください。
2　いえ、現金はありません。
3　カードでお願いします。

問題２２　出掛けるついでにはがき出してきて。
1　はがきは売ってないよ。
2　ううん、郵便局に行くんだ。
3　わかった。そこに置いといて。

問題２３　彼、歌があまり上手くないよね。
1　うん。音が外れてるよね。
2　すごく大人しいよね。
3　物価が高いよね。

問題２４　旅行のチケットが当たったんだ。
1　へえ、もったいないな。
2　へえ、羨ましいな。
3　へえ、懐かしいな。

問題２５　料理が冷めちゃったよ。
1　ちゃんと冷蔵庫に入れといたのに…。
2　本当においしかった。
3　もう一度、温めようか。

問題２６　売り上げはどうですか？
1　サンプルを作ってみましょう。
2　先月よりプラスです。
3　ビタミンが足りないんです。

問題２７　あー！　まだ連絡がない。ずっと待ってるのに！
1　いつもふわふわしているね。
2　そんなにいらいらしないの。
3　こっそりしたほうがいいね。

問題２８　会議は出なくてもいいんですか。
1　ええ、出るだけましですよ。
2　ええ、出ないではいられないですよ。
3　ええ、出なくてもさしつかえないですよ。

問題２９　研修、辛かったでしょう？
　　　　　－はは。辛くもなんともなかったよ。
1　え？　参加しなかったの？
2　それはご苦労様。
3　へえ、さすがだね。

問題３０　請求書の処理、終わってますか。
　　　　　－いえ、まだです。
1　さっさとお願いしますね。
2　じっとしててくださいね。
3　せっせと稼いでくださいね。

問題３１　会社の決定に不満があるの？
　　　　　－いいえ、そうではないのですが…。
1　それは極端な意見だね。
2　じゃ、異論はないんだね。
3　だけど、効率が悪いよ。

問題３２　将来の夢は何ですか。
1　裁判所です。
2　弁護士です。
3　被害者です。

問題３３　またお会いしましょう。
1　ええ、近々。
2　ええ、割と。
3　ええ、相変わらず。

問題３４　社長には入社前からお世話になってるんですよ。
1　じゃ、頭が上がりませんね。
2　だから、口がうまいんですね。
3　でも、腕がいいんでしょう？

問題３５　息子を誇りに思っています。
1　かわいそうじゃないですか。
2　ご自慢の息子さんですものね。
3　そんな言い方しなくても。

問題３６　ん？　何の音？
1　コントロールだよ。
2　アマチュアだよ。
3　インターフォンだよ。

問題３７　この帽子、大きすぎるよね。
1　うん、ぼろぼろだね。
2　うん、すべすべだね。
3　うん、ぶかぶかだね。

問題３８　君のことを思えばこそ言ってるんだぜ。
1　私ならまだしも、あなたは無理よ。
2　子供じゃあるまいし、ほっといてよ。
3　一日たりとも忘れないでよ。

問題３９　この件は弊社の手違いでした。
1　今後は気をつけてくださいね。
2　手がかりが見つからないんですか。
3　手はずが整いましたか。

問題４０　一昨年のデータも資料に載せるべきでし
　　　　　ょうか。
1　それは杞憂ですよ。
2　それはなんとも杜撰ですね。
3　それは蛇足というものですよ。

会話・説明問題
「＊」の部分は録音されていません。

例題
ーーーーーーーーーーーーーーーーーーーーー
男：佐藤さん、明日の会議の資料はできましたか。
女：はい、できました。こちらです。
男：じゃ、10部コピーしておいてください。
女：あのう、コピーする前に内容をチェックしてい
　　ただけないでしょうか。
男：ええ、いいですよ。
女：お願いします。
ーーーーーーーーーーーーーーーーーーーーー
女性は男性に何をお願いしましたか。
＊1　資料のコピー
＊2　資料のチェック
＊3　資料の作成
最も良いものは2です。ですから、例のように2を
マークします。

1　家で妻と夫が話しています。この会話を聞いて
　ください。
ーーーーーーーーーーーーーーーーーーーーー
女：決めた。髪切る！
男：え？　今の髪型似合ってるよ。
女：友達が言うのよ。なんか、歳とって見えるって。
男：そうかなあ。
女：そうなの。美容院、今からじゃ予約できないか
　　ら切ってくれない？　得意でしょ？
男：いやいや、子供の髪を切るのと大人の髪を切る
　　のは違うよ。
女：じゃ、いいわ。自分でするから。
男：え？　自分で？　…わかった。やるよ。その代
　　わり文句言わないでよ。
女：わかってる。
ーーーーーーーーーーーーーーーーーーーーー
問題４１　男性はこれから何をしますか。
＊１　女性を美容院に送る。
＊２　女性の髪を切る。
＊３　女性に髪を切ってもらう。

問題４２　女性はどうして髪を切ることにしました
　　　　　か。
＊１　似合っていないと思っているから
＊２　友達に歳とって見えると言われたから
＊３　久しぶりに友達に会うから

2　テレビでレポーターがある大学の入学試験につ
　いて話しています。この話を聞いてください。
ーーーーーーーーーーーーーーーーーーーーー
女：多くの大学で入学試験中のスマートフォンの使
　　用は禁止されていますが、こちらの大学では来
　　年から「スマートフォンを使ってもいい入学試
　　験」を始めるそうです。試験では具体的な社会
　　問題を解決するための方法を問い、その際、ス
　　マートフォンで情報を集めることができるとの
　　ことです。知識の量だけでなく、得た知識をど
　　のように使うことができるかという能力を測る
　　ことが目的だということですが、これから学長
　　の岩村さんに詳しくお話を伺いたいと思います。
ーーーーーーーーーーーーーーーーーーーーー
問題４３　女性はどこにいますか。
＊１　スマートフォンの製造会社
＊２　大学の中
＊３　テレビ局のスタジオ

問題４４　女性はスマートフォンを使用させる目的
　　　　　は何だと言っていますか。
＊１　スマートフォンで情報を集めること
＊２　スマートフォンで試験問題を示すこと
＊３　スマートフォンで本人確認をすること

3 会社で女性と男性が話しています。この会話を聞いてください。

―――――――――――――――――――

女：出張お疲れさまでした。

男：昨日の夜中に帰って来ました。これからすぐ報告書をまとめないといけなくて。

女：大変ですね。午後は会議もありますし。

男：まあ、慣れていますから。それより、一緒に行った林さんがねえ。

女：ああ、時間にルーズらしいですね。

男：そうそう。駅で待ち合わせたんだけれど、予定の新幹線に間に合わないかと思いました。

女：前回の出張では遅刻したらしいですよ。それに彼、今日は休みを取ってます。

男：ええっ！　まあ、いいよ。いても仕事任せられないし。

女：私にお手伝いできることがあれば言ってくださいね。

―――――――――――――――――――

問題４５　男性が不満だったことは何ですか。

＊１　林さんが遅刻したこと

＊２　林さんが今日休んでいること

＊３　林さんがぎりぎりの時間に来たこと

問題４６　男性はこのあとまず何をしますか。

＊１　会議に出席する。

＊２　報告書を書く。

＊３　女性に仕事を頼む。

4 会社で男性と女性が探し物について話しています。この会話を聞いてください。

―――――――――――――――――――

男：あれ、おかしいな。僕のペンが見当たらない。

女：さっき電話しながら使ってたよね。

男：うん、それまでは確かにあったんだけど。

女：机の上とか引き出しの中は？

男：ざっと探したよ。でも確か胸ポケットに入れたんだよな。電話のあとでタバコを吸いに喫煙室に行ったから、その途中で落としたのかな。

女：さっきトイレに行ったけど、廊下には何も落ちてなかったよ。喫煙室じゃない？

男：そうかも。タバコがてら確認しに行ってみるか。

女：それより机の上、もう少し整理したら？　そんなんじゃペンに限らず探し物がすぐに見つかるはずないでしょう。

男：うーん、気が向いたらね。じゃ。

―――――――――――――――――――

問題４７　女性はどうしてペンが喫煙室にあると思いましたか。

＊１　廊下に何もなかったことを確認しているから

＊２　喫煙室に行った時に見たから

＊３　男性が喫煙室でメモしているのを見たから

問題４８　男性はこのあとまず何をしますか。

＊１　喫煙室に行く。

＊２　机の上を片づける。

＊３　トイレに行く。

5　ラジオでアナウンサーが病院の院長に話を聞いています。この会話を聞いてください。

─────────────────

女：先生の病院は大変ユニークだということですね。
男：そうですね。たいていの病院は救急以外、夜はやってませんからね。
女：以前は一般的な内科の病院だったんですよね。
男：はい。近所の皆さんと距離が近い、いわゆる町医者ってやつです。お年寄りや子供が主な患者さんでした。規模を大きくしようとして失敗し、やむを得ず今のスタイルになりました。
女：市内だけではなく市外からも大勢患者さんが来られるとか。
男：ええ、そうなんです。日中病院に行けない方が遠方からもいらっしゃいますね。
女：そうですか。ところで新たな計画があると伺っていますが。
男：はい。夜中に歯を診てくれっていう人が多いんです。歯の痛みっていうのは急を要します。歯科の診療も今年中に始める予定です。

─────────────────

問題49　男性の病院はどんな病院ですか。
＊1　夜間に診療をしている病院
＊2　地域の住民と距離が近い病院
＊3　救急専門の病院

問題50　男性は今後どうすると言っていますか。
＊1　今の規模で病院を続ける。
＊2　歯科診療を開始する。
＊3　病院を移転する。

6　会社で女性が男性に退職の相談をしています。この会話を聞いてください。

─────────────────

女：実は私、この会社を辞めて派遣社員として働くのもいいかなって思っているんです。
男：え？　急にどうしたの？
女：毎日残業で疲れてしまって。派遣社員なら定時で帰れる仕事を希望すれば自由な時間も増えますし。
男：なるほど。でも派遣社員は社員と同じように働いたところでボーナスがもらえないんだよ。それに、ゴールデンウイークとか年末年始とか長い休みがあるとその分給料は減るよ、時給計算だから。
女：まあ、それはそうですけど。でも、色々な仕事が経験できるし、華やかな業界や有名な大企業で働くチャンスがあるじゃないですか。
男：でも、もしそういった会社に派遣されて気に入ってずっと働きたいと思っても、3年までしか働けないんだよ。知ってる？
女：え？　そうなんですか。
男：そうなんだよ。よく考えてから決断したほうがいいんじゃない？

─────────────────

問題51　女性は派遣社員のいいところは何だと言っていますか。
＊1　自分の希望に合った働き方ができること
＊2　同年代の人と一緒に働けること
＊3　希望すれば長期休暇が取れること

問題52　派遣社員について女性が知らなかったことは何ですか。
＊1　ボーナスが出ないこと
＊2　条件によっては正社員になれること
＊3　働ける期間が決まっていること

7 オンライン会議で男性が社員に今後の目標について話しています。この話を聞いてください。

——————————————————

男：まず、厳しい状況の中、賞与の減額を余儀なくされたことをお詫び申し上げます。昨年度、将来の世界ナンバーワンを目指すと言いましたが、その一歩を踏み出そうとした矢先の景気後退でした。見通しが甘かったと言わざるを得ません。しかし今、この苦境を乗り越えていこうと社員全員が一致団結し、社内の雰囲気はとてもよく、皆が力を出せる環境になっているのではないでしょうか。管理職から現場の開発者までたいへん風通しがよくなっています。成功例、失敗例、お客様の要望、できること、できないこと、これからもしっかり共有していきましょう。景気の状況から判断すれば、ここは一旦守りに入らなければなりません。しかし、できることはあります。社名、製品名、開発者の名前、そう、名前を売りましょう。誰もが知る企業になること。来期の目標はこれにします。

——————————————————

問題５３　男性は何を謝りましたか。
＊１　従業員に厳しくしたこと
＊２　ボーナスを減らしたこと
＊３　仕事がなくなったこと

問題５４　来期の目標は何ですか。
＊１　売上を伸ばすこと
＊２　世界一になること
＊３　有名になること

問題５５　男性は社内の状態はどうだと言っていますか。
＊１　社員が競争し合っている。
＊２　情報の共有がうまくいっている。
＊３　開発のスピードが早い。

これで聴解試験を終わります。

第5回　J. TEST実用日本語検定（A−Cレベル）
正解とスクリプト

■ 読解・記述問題　500点

《 文法語彙問題 》 各5点（200点）				《 読解問題 》 各6点（120点）		《 漢字問題A 》 各4点（60点）	
1) 1	11) 2	21) 4	31) 2	41) 4	51) 1	61) 1	71) 3
2) 3	12) 3	22) 3	32) 2	42) 3	52) 3	62) 2	72) 4
3) 2	13) 4	23) 4	33) 3	43) 2	53) 1	63) 1	73) 2
4) 3	14) 3	24) 3	34) 1	44) 3	54) 1	64) 1	74) 1
5) 2	15) 4	25) 2	35) 2	45) 2	55) 3	65) 4	75) 1
6) 3	16) 2	26) 2	36) 4	46) 1	56) 2	66) 3	
7) 1	17) 4	27) 2	37) 2	47) 2	57) 3	67) 2	
8) 4	18) 1	28) 4	38) 4	48) 1	58) 1	68) 3	
9) 1	19) 3	29) 1	39) 1	49) 4	59) 2	69) 3	
10) 3	20) 4	30) 2	40) 1	50) 4	60) 3	70) 4	

《 漢字問題B 》各4点（60点）　*漢字問題A＋B＝計120点

76) ゆき　　　　80) かお　　　　84) しょうれい　　　88) むじゅん
77) ひろ　　　　81) むちゅう　　85) いど　　　　　　89) つ
78) つくえ　　　82) じゅうどう　86) てってい　　　　90) かえり
79) かいぞう　　83) ひはん　　　87) ゆうれい

解答例　《 記述問題A 》各6点（30点）　*（A）と（B）が両方正解で6点。部分点はありません。

91)（A）降り　　　　　　　　　　（B）ぬれて
92)（A）低くて　　　　　　　　　（B）よけれ
93)（A）売り　　　　　　　　　　（B）しか
94)（A）座らない　　　　　　　　（B）出発
95)（A）問わ　　　　　　　　　　（B）社員

解答例　《 記述問題B 》各6点（30点）　*部分点はありません。　*記述問題A＋B＝計60点

```
96)  昨日会社を休んだ
97)  暗くならないうちに
98)  出張のたびに買って
99)  社員数の増加に伴い
100) すぐに意味を調べない
```

■ 聴解問題　500点

《写真問題》 各5点（50点）	《聴読解問題》 各10点（100点）	《 応答問題 》 各10点（200点）		《 会話・説明問題 》 各10点（150点）	
1) 1	11) 1	21) 2	31) 3	41) 1	51) 2
2) 3	12) 3	22) 3	32) 2	42) 2	52) 3
3) 1	13) 1	23) 2	33) 1	43) 1	53) 2
4) 4	14) 4	24) 2	34) 1	44) 2	54) 3
5) 3	15) 2	25) 1	35) 3	45) 2	55) 1
6) 2	16) 3	26) 3	36) 2	46) 3	
7) 4	17) 2	27) 3	37) 1	47) 3	
8) 3	18) 4	28) 2	38) 1	48) 1	
9) 2	19) 4	29) 1	39) 3	49) 2	
10) 4	20) 2	30) 1	40) 1	50) 2	

第5回 A-Cレベル 聴解スクリプト

　写真問題

例題の写真を見てください。
例題1　これは何ですか。
1　コップです。
2　いすです。
3　ノートです。
4　カメラです。

例題2　これで何をしますか。
1　すわります。
2　字を書きます。
3　水を飲みます。
4　写真をとります。
最も良いものは、例題1は1、例題2は3です。ですから、例題1は1、例題2は3を例のようにマークします。

Aの写真を見てください。
問題1　女性は何をしていますか。
1　読書です。
2　握手です。
3　応援です。
4　面接です。

問題2　正しい説明はどれですか。
1　手をつないでいます。
2　手を振っています。
3　足を組んでいます。
4　足を伸ばしています。

Bの写真を見てください。
問題3　これは何ですか。
1　ほうきです。
2　ふすまです。
3　輪ゴムです。
4　筆箱です。

問題4　これで何をしますか。
1　床を暖めます。
2　床を汚します。
3　床を削ります。
4　床を掃きます。

Cの写真を見てください。
問題5　ここはどこですか。
1　線路です。
2　倉庫です。
3　洗面所です。
4　田んぼです。

問題6　ここで何をしますか。
1　田植えです。
2　うがいです。
3　花火です。
4　じゃんけんです。

Dの写真を見てください。
問題7　ここはどこですか。
1　原っぱです。
2　砂漠です。
3　高原です。
4　浜辺です。

問題8　正しい説明はどれですか。
1　洪水が発生しています。
2　稲光が走っています。
3　子供が裸足で歩いています。
4　子供が波にさらわれています。

Eの写真を見てください。
問題9　客に名前を書いてもらいます。こんな時、何と言いますか。
1　お名前を書いてみましょうか。
2　お名前をお書きいただけますか。
3　お名前をお書きいたしましょう。
4　お名前を書かせていただきます。

Fの写真を見てください。
問題10　席を外している時に電話があったため、折り返し連絡をしました。こんな時、何と言いますか。
1　差し支えなければ、ご伝言を承ります。
2　こちらから改めてご連絡差し上げます。
3　お電話が少々遠いようですが。
4　先ほどお電話を頂戴したようですが。

例題を見てください。男性と女性が、会社のロゴの位置について話しています。

例題１　男性はどの位置がいいと言っていますか。

例題２　女性はどの位置がいいと言っていますか。

――――――――――――――――――――

男：名刺のデザインを変えるんだけど、会社のロゴの位置はどこがいいと思う？

女：住所の前がいいんじゃない？

男：うーん、でも、それじゃあ目立たないよ。会社名の前に大きく入れたら、どう？

女：えー、ロゴは控えめに、住所の前にあるほうがいいわよ。

――――――――――――――――――――

例題１　男性はどの位置がいいと言っていますか。

例題２　女性はどの位置がいいと言っていますか。

最も良いものは、例題１は２、例題２は３です。ですから、例題１は２、例題２は３を例のようにマークします。

Gを見てください。

会社で女性と男性が会議の資料について話しています。

問題１１　男性はどのように資料を準備していましたか。

問題１２　男性はこのあとどのように資料を準備しますか。

――――――――――――――――――――

女：高野君、会議の資料、６人分コピーして、まとめておいてくれた？

男：はい。こちらにあります。

女：うーん、このクリップじゃないほうがいいわね。資料がバラバラになっちゃいそう。

男：では、黒いのに変えましょうか。

女：そうねえ、それよりクリアファイルに入れてくれたほうがいいわ。

男：わかりました。

――――――――――――――――――――

問題１１　男性はどのように資料を準備していましたか。

問題１２　男性はこのあとどのように資料を準備しますか。

Ｈを見てください。
ラジオで男性が話しています。

問題１３　今、天気はどうですか。
問題１４　男性はこのあと、何に注意しなければな
　　　　　らないと言っていますか。
ーーーーーーーーーーーーーーーーーーーー
男：皆さん、おはようございます。いやー、夕べは
　　ひどい天気でしたね。私は帰る時に電車が止ま
　　ってしまい、帰宅に３時間もかかりました。皆
　　さんは大丈夫だったでしょうか。さて、今朝は
　　昨日とはうってかわって、台風一過の青空が広
　　がっています。気持ちのいい朝ですね。きっと
　　海へ、山へとお出掛けになる方も多いのではな
　　いでしょうか。でも皆さん、海のレジャーには
　　どうぞお気をつけください。台風の影響で波が
　　荒くなっています。天気が穏やかであっても、
　　高波の恐れがありますからね。
ーーーーーーーーーーーーーーーーーーーー
問題１３　今、天気はどうですか。
問題１４　男性はこのあと、何に注意しなければな
　　　　　らないと言っていますか。

Ｉを見てください。
食堂のメニューについて男性と店長が話しています。

問題１５　種類を増やすのはどれですか。
問題１６　メニューから外すのはどれですか。
ーーーーーーーーーーーーーーーーーーーー
男：店長、メニュー見直しについてご相談です。
女：うん。そのグラフ見せて。あ、ずっと低調なの
　　があるね。
男：はい。「サラダ」です。ただ女性客からの支持
　　が強いので外せないかと。
女：そっか。常に人気トップの「カレー」は、文句
　　なしにこのまま継続ね。
男：ええ。「スープ類」は定番の味噌汁に加えて、
　　春に洋風のものをいくつかメニューに加えたと
　　ころ、注文数が倍増したんです。今後も色々な
　　種類を揃えていくと、さらなる売り上げ増加が
　　期待できるのではと思います。
女：うん、そうしよう。あ、この売り上げががくん
　　と落ちてるのは？
男：「うどん」です。向かいに専門店ができてから
　　落ち込みがすごくて。
女：じゃ、思い切って外していいんじゃないかな。
男：わかりました。ではその方向で進めます。
ーーーーーーーーーーーーーーーーーーーー
問題１５　種類を増やすのはどれですか。
問題１６　メニューから外すのはどれですか。

Jを見てください。
会議で女性が食器用洗剤に関するアンケート結果について話しています。

問題１７　「肌への優しさ」はどれですか。
問題１８　「香りの良さ」はどれですか。
ーーーーーーーーーーーーーーーーーーーー
女：こちらは食器用洗剤のお客様アンケートの結果です。当社の他、A、B、C社の商品を表にまとめました。当社の商品は軽くこするだけで素早く油汚れが分解されることを最大の特長としており、「汚れの落ちやすさ」はお客様から十分に満足いただける結果となりました。また、肌が弱い方や手荒れが気になる方にも安心してお使いいただける刺激の少ない弱酸性であるため、「肌への優しさ」にもご満足いただいております。一方、低価格を売りにしているA社の洗剤は、「値段の安さ」のみが評価されています。反対に、高価格帯の商品を販売するB社は、「肌への優しさ」と「香りのよさ」にこだわる消費者をターゲットにしているだけあって、その２項目が高評価となっています。最後にC社の商品は、どの項目もバランスよく評価されています。
ーーーーーーーーーーーーーーーーーーーー
問題１７　「肌への優しさ」はどれですか。
問題１８　「香りの良さ」はどれですか。

Kを見てください。
女性と男性が出産後の育児生活について話しています。

問題１９　この女性が一番大変だったのはどれだと言っていますか。
問題２０　男性は自分が今から準備できるものはどれだと言っていますか。
ーーーーーーーーーーーーーーーーーーーー
女：小沢君、奥さんもうすぐ出産でしょう？　出産自体もそうだけど、産後は本当に大変だからね。ちゃんと知っておかないと。これ見て。
男：え、何？　産後１年以内の育児生活で一番大変だったことのアンケート結果か。へえ、「睡眠不足」に悩まされる人が４割もいるんだね。
女：そうそう。うちはよく寝る子だったから問題なかったけど。
男：「配偶者との意識の共有」っていう人も２割弱か。「子供の健康への不安」っていうのがその次で…。
女：うん。赤ちゃんは話せないから、ちょっとしたことでもすごく心配になるのよ。
男：そうだよね。そして睡眠不足以外での体調不良は12パーセント…。
女：そうなの。私はちょっと「産後鬱」っぽくなっちゃって。でも、子供の面倒もみなきゃいけなくて、これが一番辛かったな。
男：そうだったんだ。なんか心配になってきたな。えっと、僕が今から準備できるのは…これだよね。
女：そうね。奥さんとよく話し合っておいたほうがいいわよ。
ーーーーーーーーーーーーーーーーーーーー
問題１９　この女性が一番大変だったのはどれだと言っていますか。
問題２０　男性は自分が今から準備できるものはどれだと言っていますか。

例題1　おはようございます。
1　おはようございます。
2　おやすみなさい。
3　さようなら。

例題2　お仕事は？
　　　　　ー会社員です。
1　私も会社員じゃありません。
2　私も会社員です。
3　私も医者です。
最も良いものは、例題1は1、例題2は2です。で
すから、例題1は1、例題2は2を例のようにマー
クします。

問題21　テストの点数を見てがっかりしたよ。
1　努力したから当然だよ。
2　次があるから元気出して。
3　もう、二度と見ないでね。

問題22　今度の会議、いつだっけ？
1　明日がいいですね。
2　来週の金曜日にしませんか。
3　あさってだと思います。

問題23　コーヒー、こぼしちゃった。
1　味見したら？
2　早く拭いて。
3　本当だ、苦いね。

問題24　彼ってずうずうしい人ですね。
1　ええ、特に子どもに人気です。
2　ええ、みんな嫌がっています。
3　ええ、大人しすぎます。

問題25　川井さんって、会社辞めさせられたんで
　　　　　すか。
1　ええ、首になったらしいですよ。
2　ええ、雇われたらしいですよ。
3　ええ、儲かってたらしいですよ。

問題26　これ、ぞうきん？
1　そう。プラスチックで作ったの。
2　そう。低カロリーなのよ。
3　違うよ。まだ新しいタオルだよ。

問題27　もう少しで会議に遅れるところだったよ。
1　あと少しだったのに。
2　やっぱり遅れたんだね。
3　間に合ってよかったね。

問題28　日曜日、何の映画見たの？
1　えっと、インストール、忘れちゃった。
2　えっと、アイデア、忘れちゃった。
3　えっと、タイトル、忘れちゃった。

問題29　来週暇？
1　ううん、予定びっしり。
2　うん、こつこつ頑張る。
3　うん、そわそわしそう。

問題30　そんなのうそに決まってるよ。
1　そうだといいけど。
2　もうすぐ決まると思うけど？
3　とても簡単だったよ。

問題31　聞きました？　冬のボーナス、減るって
　　　　　噂。
　　　　　ー松井さん、それどころじゃないらしいで
　　　　　すよ。
1　へえ、そんなところあるんですか。
2　ああ、良かったです。
3　え？　もっとひどいんですか。

問題32　毎晩、夕飯作ってるんだ。
　　　　　ー料理、好きなの？
1　うん、上品なほうがいいと思って。
2　ううん、一人暮らしだから仕方なくね。
3　うん、ちょっとそそっかしいからね。

問題33　田中さんが担当で、ありがたいです。
　　　　　ーおだてないでくださいよ。
1　いやいや、うちの上司もそう言ってるんです。
2　いやいや、あてはまるんですよ。
3　いやいや、立て替えておきますね。

問題34　ねえ、プリンター、動かないよ。
1　取扱説明書、見て。
2　履歴書、見て。
3　求人情報、見て。

問題３５　できれば他のプランに替えられないかな。
1　じゃ、推理して真犯人を見つけましょう。
2　いや、優越感に浸る必要はないですよ。
3　いや、予算的に選択の余地はありませんよ。

問題３６　その情報、どこから？
1　リフォームしたので。
2　芸能人のブログです。
3　僕のポリシーなんです。

問題３７　山田さん、いそいそと帰って行きましたね。
1　ええ、彼女とデートらしいです。
2　ええ、部長に叱られたみたいで。
3　ええ、時間に遅れそうでしたから。

問題３８　ここまでやれば、仕事は終わったも同然ですね。
1　ええ、あと一息ですね。
2　ええ、やっと終わりましたね。
3　ええ、いつ帰れるかわかりませんね。

問題３９　もうあの人には愛想が尽きたわ。
1　ほんと、愛想がいいからね。
2　ほんと、穴があったら入りたいよ。
3　ほんと、人でなしだね。

問題４０　新入社員のプレゼン、上手な人いましたか。
1　まあ、どんぐりの背比べですよ。
2　まあ、大は小を兼ねますからね。
3　まあ、猿も木から落ちますから。

「＊」の部分は録音されていません。

例題
――――――――――――――――――――
男：佐藤さん、明日の会議の資料はできましたか。
女：はい、できました。こちらです。
男：じゃ、10部コピーしておいてください。
女：あのう、コピーする前に内容をチェックしていただけないでしょうか。
男：ええ、いいですよ。
女：お願いします。
――――――――――――――――――――
女性は男性に何をお願いしましたか。
＊1　資料のコピー
＊2　資料のチェック
＊3　資料の作成
最も良いものは2です。ですから、例のように2をマークします。

1 家で妻と夫が話しています。この会話を聞いてください。

――――――――――――――――

女：ねえ、明日、パソコン買いに行くの、付き合ってくれない？

男：パソコン？　来月からセール始まるよ。安くなるの待ったら？

女：待てないのよ。壊れちゃったんだから。修理はできないって言われたし。仕事で使うからすぐに必要で…。

男：そっか。でも僕、明日は仕事だよ。

女：え？　土曜日なのに？

男：うん。あさってならいいよ。

女：じゃ、お願い。

――――――――――――――――

問題４１　女性はどうしてパソコンを買いますか。

＊１　壊れたから

＊２　仕事用にもう１台必要だから

＊３　安く買えるから

問題４２　女性はいつパソコンを買いに行きますか。

＊１　土曜日

＊２　日曜日

＊３　来月

2 会社で女性と男性が話しています。この会話を聞いてください。

――――――――――――――――

女：課長、報告書を書いたのですが、見てくださいませんか。

男：え？　これ、出すの遅すぎだろう。営業行ったの、いつ？

女：先週の月曜です。書き方がわからなくて…。

男：わからないことは私でも周りの先輩にでもいいから相談しないと。時間がもったいないじゃないか。それに、営業報告書はこの形式じゃないよ。研修で習わなかった？

女：すみません。研修でもらった資料、見てみます。

男：じゃあ、再提出ね。

女：はい。

――――――――――――――――

問題４３　女性が最初に叱られたことは何ですか。

＊１　書類の提出が遅いこと

＊２　営業用の書類を忘れたこと

＊３　研修を欠席したこと

問題４４　女性はこのあとまず、何をしますか。

＊１　研修に参加する。

＊２　研修の資料を確認する。

＊３　書類を書き直す。

3　男性がボランティア参加者に話しています。この話を聞いてください。

─────────────────────

男：皆さん、本日は海岸清掃のボランティアにご参加いただき、ありがとうございます。今日は近くの中学校、高校の生徒さんもお手伝いに来てくださっています。色々な年代の方と交流できるいい機会ですから、積極的にお話してくださいね。では、お配りした紙をご覧ください。皆さんを３つのグループに分けて、担当場所が決めてあります。使う道具はこちらに置いてありますから、ご自由にお使いください。集めたごみはあの木の下にお願いいたします。では、よろしくお願いいたします。

─────────────────────

問題４５　男性は何について話していますか。
＊１　ボランティア活動の重要性
＊２　海岸清掃のやり方
＊３　学生との交流の楽しさ

問題４６　話の内容と合っているのはどれですか。
＊１　好きな場所で活動してよい。
＊２　道具は借りられない。
＊３　高校生が参加している。

4　家で夫と妻が食材の宅配サービスについて話しています。この会話を聞いてください。

─────────────────────

男：ポストに食材宅配の申込用紙が入ってたよ。一週間お試しで配達してもらったやつでしょ？申し込むの？
女：ううん、断る。
男：そう。どうやって？　電話しないといけない？
女：ううん。このアンケートに答えればいいの。そこに断る理由を書いて郵送。ちょっと面倒だけど、今からやるわ。
男：ふーん。あれ？　ホームページからでもできるみたいだよ。
女：ほんと？　じゃ、そうする。
男：ねえ、それより今日の晩ご飯は？
女：忘れないうちにやりたいから、ちょっと待ってて。あ、早く食べたいなら、自分で作ってもいいわよ。
男：わかったよ。そうする。

─────────────────────

問題４７　女性はどうやって食材の宅配サービスの契約を断りますか。
＊１　電話する。
＊２　アンケート用紙に記入し、郵送する。
＊３　ホームページでアンケートに回答する。

問題４８　男性はこのあとまず、何をしますか。
＊１　料理する。
＊２　食事する。
＊３　料理を注文する。

5 電話でオペレーターと女性が話しています。この会話を聞いてください。

━━━━━━━━━━━━━━━━━━━━━━

男：お電話ありがとうございます。ティートレンドでございます。

女：あの、先週、桃の紅茶を注文したんですけど、今日届いたの、マンゴー味のだったんです。

男：申し訳ございません。お調べいたしますので、ご注文番号をお願いいたします。

女：TEA659311です。

男：…お待たせいたしました。確かに桃の紅茶でご注文を承っておりました。大変申し訳ございません。すぐに商品をお送りいたします。

女：お願いします。届いたのはどうしたらいいですか。着払いで返送しますか。

男：いえ、今回は私どもの手違いですのでご返送の必要はございません。

女：そうですか。

男：はい。ご迷惑をお掛けいたしました。

━━━━━━━━━━━━━━━━━━━━━━

問題４９　女性はどうして電話をしましたか。
＊１　注文した商品をキャンセルしたいから
＊２　届いた商品が間違っていたから
＊３　注文した商品を変更したいから

問題５０　男性はこのあとまず、何をしますか。
＊１　女性にマンゴーの紅茶を届けに行く。
＊２　女性に桃の紅茶を送る。
＊３　女性に返金する。

6 講演会で女性がコミュニケーション力について話しています。この話を聞いてください。

━━━━━━━━━━━━━━━━━━━━━━

女：ビジネスにおいて、コミュニケーション力は最も求められるスキルでしょう。皆さんの近くにいる仕事ができる人は、コミュニケーション上手な人が多いのではないでしょうか。では、コミュニケーション力が高い人は、何が優れているのかというと、相手が情報をどのように受け止めているかが判断できるのです。言葉だけでなく、声、表情など多方面から相手を理解しています。これは簡単なようで案外難しいことです。これからは自分が話をする時、よく相手を観察するようにしてみてください。自分の話す内容や話し方を変えるより、相手の反応を正確に捉えるほうが、コミュニケーション力の向上の近道となるはずです。

━━━━━━━━━━━━━━━━━━━━━━

問題５１　女性はコミュニケーション力がある人はどんな人だと言っていますか。
＊１　上手に正確な情報が伝えられる人
＊２　伝えた情報を相手がどう理解したかがわかる人
＊３　声や表情で気持ちを伝えられる人

問題５２　話の内容と合っているのはどれですか。
＊１　就職する前にコミュニケーション力を身につけておいたほうがいい。
＊２　コミュニケーション力が必要ない仕事が増加している。
＊３　仕事ができる人はコミュニケーション力が高い人が多い。

7　会社説明会で社長が自社の「働き方改革への取
　　り組み」について話しています。この話を聞い
　　てください。
ーーーーーーーーーーーーーーーーーーーーー
男：当社では、国が改革を推進する10年以上前から
　　「働き方改革」に取り組んできました。当時か
　　らおかげさまで離職率は低く、社員は働きやす
　　いと感じてくれていたのではないかと思います。
　　ですが、皆さんのような優秀な人材にアピール
　　するべく、職場の働き方を見直してきたという
　　わけです。まずは、時間外の労働時間について
　　です。これは現在、ノー残業デーを定めること
　　で改善されています。そして有給休暇の取得率
　　についても、１時間単位で休めるようにするこ
　　とで、ほぼ100パーセントとなりました。また、
　　当社には高い技術力を持つベテラン社員が多数
　　おります。そのため、定年の引き上げを数年前
　　から徐々に行っております。一方、今以上に積
　　極的なアプローチが必要なのは、男性社員の育
　　児休暇取得の促進です。まだ課題も残ってはい
　　ますが、今後も働きやすい職場を目指し、改革
　　を進めていきますので、ぜひ当社で一緒に頑張
　　りましょう。
ーーーーーーーーーーーーーーーーーーーーー
問題５３　この会社が「働き方改革」を進めた理由
　　　　　は何ですか。
＊１　国が改革を推進しているため
＊２　優れた人材にアピールするため
＊３　離職率を下げるため

問題５４　この会社で改善が必要なことは何ですか。
＊１　長時間労働の削減
＊２　有給休暇取得率の向上
＊３　男性の育児休業取得率の向上

問題５５　この会社について、話の内容と合ってい
　　　　　るのはどれですか。
＊１　定年の引き上げを行っている。
＊２　技術のあるベテラン社員が少ない。
＊３　中途採用者が多い。

これで聴解試験を終わります。

第6回　J. TEST実用日本語検定（A−Cレベル）
正解とスクリプト

■ 読解・記述問題　500点

《 文法語彙問題 》 各5点（200点）				《 読解問題 》 各6点（120点）		《 漢字問題A 》 各4点（60点）	
1) 1	11) 1	21) 4	31) 4	41) 1	51) 1	61) 2	71) 1
2) 3	12) 2	22) 4	32) 4	42) 4	52) 2	62) 3	72) 2
3) 1	13) 2	23) 1	33) 4	43) 3	53) 2	63) 1	73) 4
4) 3	14) 4	24) 1	34) 3	44) 2	54) 2	64) 4	74) 1
5) 2	15) 4	25) 1	35) 2	45) 4	55) 4	65) 4	75) 3
6) 3	16) 1	26) 4	36) 2	46) 2	56) 4	66) 1	
7) 1	17) 2	27) 3	37) 1	47) 2	57) 2	67) 2	
8) 1	18) 1	28) 2	38) 3	48) 4	58) 1	68) 4	
9) 3	19) 1	29) 4	39) 2	49) 1	59) 1	69) 3	
10) 4	20) 4	30) 3	40) 1	50) 2	60) 3	70) 1	

《 漢字問題B 》 各4点（60点）　　*漢字問題A＋B＝計120点

76) こえ	80) こうたい	84) ていせい	88) ていねい
77) おこ	81) なま	85) しや	89) はか
78) ちゅうだん	82) しろ	86) たいくつ	90) まかな
79) すいみん	83) きみょう	87) いちじる	

解答例　　《 記述問題A 》 各6点（30点）　　*（A）と（B）が両方正解で6点。部分点はありません。

91)（A）誕生日	（B）あげる
92)（A）おもしろかった	（B）ほど
93)（A）お金	（B）買って
94)（A）遅	（B）早
95)（A）私	（B）負けて

解答例　　《 記述問題B 》 各6点（30点）　　*部分点はありません。　　*記述問題A＋B＝計60点

96)　ぜひ私に行かせて
97)　早く恋人に会いたくて
98)　書きかけの報告書を
99)　忘れっぽくなって
100)　娘に加えて息子も

■ 聴解問題　500点

《写真問題》 各5点（50点）	《聴読解問題》 各10点（100点）	《 応答問題 》 各10点（200点）		《 会話・説明問題 》 各10点（150点）	
1) 2	11) 1	21) 1	31) 2	41) 2	51) 3
2) 2	12) 4	22) 1	32) 2	42) 1	52) 3
3) 4	13) 1	23) 2	33) 1	43) 1	53) 1
4) 1	14) 3	24) 2	34) 1	44) 2	54) 3
5) 1	15) 2	25) 1	35) 1	45) 3	55) 2
6) 4	16) 3	26) 3	36) 2	46) 3	
7) 4	17) 2	27) 3	37) 1	47) 2	
8) 3	18) 3	28) 1	38) 3	48) 3	
9) 3	19) 1	29) 2	39) 1	49) 2	
10) 4	20) 4	30) 3	40) 1	50) 2	

第6回 A–Cレベル　聴解スクリプト

　写真問題

例題の写真を見てください。
例題1　これは何ですか。
1　コップです。
2　いすです。
3　ノートです。
4　カメラです。

例題2　これで何をしますか。
1　すわります。
2　字を書きます。
3　水を飲みます。
4　写真をとります。

最も良いものは、例題1は1、例題2は3です。ですから、例題1は1、例題2は3を例のようにマークします。

Aの写真を見てください。
問題1　何を使っていますか。
1　マウスです。
2　包丁です。
3　氷です。
4　枕です。

問題2　何をしていますか。
1　手を温めています。
2　皮をむいています。
3　果物を冷やしています。
4　数を数えています。

Bの写真を見てください。
問題3　どんな様子ですか。
1　うろうろしています。
2　のろのろしています。
3　まごまごしています。
4　にこにこしています。

問題4　女の子について、正しい説明はどれですか。
1　髪を結んでいます。
2　両手を組んでいます。
3　1人で歯みがきをしています。
4　文房具を持っています。

Cの写真を見てください。
問題5　ここはどこですか。
1　診察室です。
2　広場です。
3　幼稚園です。
4　洗面所です。

問題6　正しい説明はどれですか。
1　女性はエプロンをつけています。
2　女性はファイルを眺めています。
3　男性は骨を鳴らしています。
4　男性は椅子に腰掛けています。

Dの写真を見てください。
問題7　これは何ですか。
1　楽譜です。
2　漁船です。
3　刺繍です。
4　屋敷です。

問題8　正しい説明はどれですか。
1　窓がゆがんでいます。
2　屋根は丸みを帯びています。
3　洋風の外観です。
4　アンテナが設置されています。

Eの写真を見てください。
問題9　書類の内容を確認してほしいです。こんな時、何と言いますか。
1　内容を確かめられませんか。
2　内容を確かめましょうか。
3　内容をお確かめください。
4　内容を確かめさせてください。

Fの写真を見てください。
問題10　取引先の人に自分の会社に来てもらいました。こんな時、何と言いますか。
1　どのようなご用件でしょうか。
2　何のお構いもできませんで。
3　お褒めにあずかり光栄です。
4　お呼びたてして申し訳ありません。

聴読解問題

例題を見てください。男性と女性が、会社のロゴの位置について話しています。
例題1　男性はどの位置がいいと言っていますか。
例題2　女性はどの位置がいいと言っていますか。
ーーーーーーーーーーーーーーーーーーーーー
男：名刺のデザインを変えるんだけど、会社のロゴの位置はどこがいいと思う？
女：住所の前がいいんじゃない？
男：うーん、でも、それじゃあ目立たないよ。会社名の前に大きく入れたら、どう？
女：えー、ロゴは控えめに、住所の前にあるほうがいいわよ。
ーーーーーーーーーーーーーーーーーーーーー
例題1　男性はどの位置がいいと言っていますか。
例題2　女性はどの位置がいいと言っていますか。
最も良いものは、例題1は2、例題2は3です。ですから、例題1は2、例題2は3を例のようにマークします。

Gを見てください。
家で妻と夫が子供の習い事について話しています。

問題11　男性が習わせたいと言ったのはどれですか。
問題12　このあと女性が子供に勧めるのはどれですか。
ーーーーーーーーーーーーーーーーーーーーー
女：たかし、小学生になったじゃない？　そろそろ何か習わせたいな。
男：うん、いいね。楽器なんかどうかな。できたらかっこいいよ。
女：お金かかるじゃない。たかしが好きなサッカーか野球がいいかしら。
男：うーん。でも、近くにクラブがないからなあ。
女：じゃ、水泳は？　泳げるようになってほしいし。
男：いいかもね。
女：じゃ、初心者のクラスもあるみたいだから、見学に行ってみないか聞いてみるわ。
ーーーーーーーーーーーーーーーーーーーーー
問題11　男性が習わせたいと言ったのはどれですか。
問題12　このあと女性が子供に勧めるのはどれですか。

Hを見てください。
夫と妻が引っ越し先の部屋について話しています。

問題１３　夫婦の部屋はどこになりましたか。
問題１４　娘のリサの部屋はどこになりましたか。
－－－－－－－－－－－－－－－－－－－－－－－
男：これ、引っ越し先の間取りなんだけど、それぞれ
　　の部屋、どこにしようか。
女：私達の部屋はベランダがある部屋がいいわね。洗
　　濯物も干せるし。
男：そうだね。じゃ、僕の仕事部屋は３階のもう１つ
　　の部屋にして、２階がリサとユウタの部屋だな。
女：でもリサは一人部屋がほしいって言ってるわ。
男：じゃ、ユウタにも部屋が必要か。それなら、ユウ
　　タはまだ小さいんだし、僕達と同じ階がいいよね。
　　仕事部屋は２階にするよ。じゃ、リサはここだな。
女：うーん。でもリサ、和室は嫌がるわ。
男：じゃ、僕が畳の部屋で仕事するよ。
－－－－－－－－－－－－－－－－－－－－－－－
問題１３　夫婦の部屋はどこになりましたか。
問題１４　娘のリサの部屋はどこになりましたか。

Ｉを見てください。
会社で女性と男性が新入社員に対して行ったアンケー
ト結果について話しています。

問題１５　「給料の額」はどれですか。
問題１６　女性がこのあと詳しく調査するのはどれで
　　　　　すか。
－－－－－－－－－－－－－－－－－－－－－－－
女：課長、今年入社した社員へのアンケート結果をま
　　とめました。
男：ああ、「不満に感じること」を聞いたアンケート
　　だね。どれどれ。半数近くが「自分の時間がない」
　　ことに不満を持っているね。
女：ええ、残業や休日出勤がありますからね。その次
　　に多かったのは「給料の額」で約３割です。
男：まあ、どっちも新入社員に限らない不満だからな
　　あ。
女：そうですよね。続いて「仕事がイメージしたのと
　　違う」という不満です。こちらは１割強でした。
　　そして「業務に関する研修が少ない」が７パーセ
　　ントです。
男：なるほど。研修については今年から回数を増やす
　　ことになっているから様子を見るとして、こっち
　　が気になるな。
女：では、追加で調査してみましょうか。
男：うん、よろしく。
－－－－－－－－－－－－－－－－－－－－－－－
問題１５　「給料の額」はどれですか。
問題１６　女性がこのあと詳しく調査するのはどれで
　　　　　すか。

Jを見てください。
定食屋の店長があるグラフを見せながら話しています。

問題１７　　「口コミ」という項目はどれですか。
問題１８　　これから改善する項目はどれですか。
ーーーーーーーーーーーーーーーーーーーーーー
女：このグラフはある雑誌に載っていた「定食屋を選
　　ぶポイント」についてのアンケート結果ですが、
　　当店でも参考になると思いますので、皆さんにも
　　ご紹介しますね。最も多い回答は「料理の質」で
　　すが、この点は当店でも新メニューの開発など重
　　点的に取り組んでいるところですね。同様に多い
　　のが、他の人からの情報、いわゆる「口コミ」と
　　いう回答ですが、当店は口コミの評価も高いので、
　　これも大丈夫でしょう。意外だったのが、約半数
　　の人が回答した「お店の雰囲気」という項目です。
　　これに関しては今後、居心地のいい空間を作れる
　　よう見直していきましょう。そして２割弱ですが
　　「価格」と回答してる人もいますね。安くてボリ
　　ュームのある日替わり定食は今後も続けていきま
　　しょう。

ーーーーーーーーーーーーーーーーーーーーーー
問題１７　　「口コミ」という項目はどれですか。
問題１８　　これから改善する項目はどれですか。

Kを見てください。
会社で男性が集まった人達に話しています。

問題１９　　集まった人達はこれから何に参加しますか。
問題２０　　男性は何がある人材を求めていると言って
　　　　　　いますか。
ーーーーーーーーーーーーーーーーーーーーーー
男：人事部の橋本です。皆さん、今日から２週間、よ
　　ろしくお願いします。近年、SNSなどであらゆる
　　情報が簡単に手に入り、私達の会社についても
　　様々な情報が流れています。ですが、正しく知る
　　には、今回のように自ら体験し、自らの目で見る
　　ことが最も有意義なことだと思います。経済の先
　　行きが不透明な中、私達の会社も含め、多くの企
　　業が即戦力となる人材を求めています。専門知識
　　や資格を有していることを新卒者には求めません
　　が、自らの意志や判断で行動できることは必要で
　　す。そのことを心に留めて取り組んでもらえたら
　　と思います。そして来年の春から一緒に働けるこ
　　とを期待しています。

ーーーーーーーーーーーーーーーーーーーーーー
問題１９　　集まった人達はこれから何に参加しますか。
問題２０　　男性は何がある人材を求めていると言って
　　　　　　いますか。

例題１　おはようございます。
1　おはようございます。
2　おやすみなさい。
3　さようなら。

例題２　お仕事は？
　　　　　ー会社員です。
1　私も会社員じゃありません。
2　私も会社員です。
3　私も医者です。

最も良いものは、例題１は１、例題２は２です。ですから、例題１は１、例題２は２を例のようにマークします。

問題２１　新入社員の上田さんはおとなしいですね。
1　ええ、よく一人で本を読んでいます。
2　ええ、人と話すのが好きなようです。
3　ええ、趣味はスポーツだそうです。

問題２２　また書類出しっぱなしだよ。
1　ごめん、片づけるよ。
2　出してくれてありがとう。
3　引き出しの中にあるよ。

問題２３　シュウさんのお姉さん、何のお仕事してるの？
1　バランスです。
2　モデルです。
3　ネックレスです。

問題２４　今日の試験、どうだった？
1　本当にそっくりだね。
2　けっこうできたよ。
3　ぴかぴかになったね。

問題２５　山田さんって、几帳面だね。
1　そんなことないよ。大ざっぱだよ。
2　親にも素直だって言われるの。
3　真面目にできないんだ。

問題２６　なんか怒鳴っている声が聞こえない？
1　うん、あの犬うるさいね。
2　うん、すごく上手だね。
3　うん、ちょっと怖いね。

問題２７　留学の夢はあきらめました。
1　へえ、おめでとうございます。
2　じゃ、いつ来ますか。
3　そうですか。残念ですね。

問題２８　カロリーが高い物を食べないようにしています。
1　へえ、ダイエットしてるんだ。
2　へえ、お金を貯めてるんだ。
3　確かに、辛いものは体に悪いからね。

問題２９　最近、残業が続いていますね。
1　ええ、ぐちゃぐちゃですよ。
2　ええ、くたくたですよ。
3　ええ、びっしょりですよ。

問題３０　よし、これで準備オッケー！
1　まあ、手伝ってあげないこともないよ。
2　うん、終わったってば！
3　うん、あとは当日を待つばかりだね。

問題３１　田中さんって、仕事辞めるんだって？
　　　　　ーそんなの噂に過ぎないよ。
1　え？　嘘は言ってないよ。
2　そう？　本人に聞いてみようかな。
3　うん、言い過ぎかもしれないね。

問題３２　カメラがほしいんですが、この中でどれがおすすめですか。
　　　　　ーこの会社のは高性能だと評判ですよ。
1　ちょっと見逃してくれませんか。
2　うーん、僕に使いこなせるでしょうか。
3　じゃ、すぐに取り掛かります。

問題３３　今朝の天気どう？
　　　　　ー空がどんよりしているよ。
1　もしかして、雨降るのかなあ。
2　晴れの日は、気分もいいわ。
3　じゃ、暑くなりそうね。

問題３４　私は友人に恵まれていると思います。
1　それは幸せなことですね。
2　いや、あなたが悪いんじゃないですよ。
3　いや、気にしないほうがいいですよ。

問題３５　会議、思ったより円滑に進みましたね。
1　ええ、反対意見が出なかったですね。
2　ええ、いつも予定時間を過ぎますね。
3　ええ、出席しませんでした。

問題３６　どうやら道を間違えたようです。
1　でも、キープしておきましょう。
2　では、Ｕターンしましょう。
3　それなら、アレンジできますか。

問題３７　課長、かんかんだったね。
1　ほんと、顔が真っ赤だったね。
2　ほんと、具合悪そうだったね。
3　うん、いいことでもあったのかな。

問題３８　今日の飲み会、気が進まないなあ。
1　毎日行きたいと言わんばかりだね。
2　忙しくて行こうにも行けないね。
3　行ったら行ったで楽しむくせに。

問題３９　毎月営業ノルマを達成するのは、至難の業
　　　　　でしょう？
1　まあでも、全力で取り組むのみです。
2　いやあ、他意はありませんよ。
3　へえ、それは朗報ですね。

問題４０　部長、虫の居所が悪いみたいですね。
1　ええ、触らぬ神に祟りなしですよ。
2　ええ、馬の耳に念仏ですよ。
3　ええ、暖簾に腕押しですよ。

「＊」の部分は録音されていません。

例題
ーーーーーーーーーーーーーーーーーーーーー
男：佐藤さん、明日の会議の資料はできましたか。
女：はい、できました。こちらです。
男：じゃ、10部コピーしておいてください。
女：あのう、コピーする前に内容をチェックしていた
　　だけないでしょうか。
男：ええ、いいですよ。
女：お願いします。
ーーーーーーーーーーーーーーーーーーーーー
女性は男性に何をお願いしましたか。
＊1　資料のコピー
＊2　資料のチェック
＊3　資料の作成
最も良いものは２です。ですから、例のように２を
マークします。

1　喫茶店で女性と男性が話しています。この会話を聞いてください。
ーーーーーーーーーーーーーーーーーーー
女：松本さん、英語の勉強してるんですって？
男：ええ。先月、外国人社員が入社して、急に必要になったんですよ。
女：そうでしたか。でも英語って、表情も大切らしいですよ。
男：どういうことですか。
女：例えば、日本人は注意する時、優しい表情で話したりしますが、それは外国人にはわかりにくいんですって。褒める時は明るく、叱る時は厳しい表情で、話の内容と態度を合わせるようにしたほうがいいそうです。
男：なるほど。でも慣れてないから、厳しい表情できるかな。ちょっとここで練習させてください。
女：ふふ。どうぞ。
ーーーーーーーーーーーーーーーーーーー
問題４１　男性はどうして英語の勉強をしていますか。
＊１　海外出張に行くから
＊２　会社に外国人が入ったから
＊３　英語が下手だと言われたから

問題４２　男性はこのあと何をしますか。
＊１　厳しい表情の練習
＊２　笑顔の練習
＊３　英語の練習

2　会社で男性と女性が最近の業務について話しています。この会話を聞いてください。
ーーーーーーーーーーーーーーーーーーー
男：ねえ、林さん。アルバイトの田辺さんが辞めてから、仕事、増えたよね。やっぱり一人、アルバイトを入れてほしいと思わない？
女：そうですね。今は残業してなんとかやってますが、ずっとは続けられませんよね。残業代よりアルバイト一人雇うほうが安い気がします。
男：そう！　そこでお願いなんだけど、アルバイトに任せたい業務とその作業時間を表にしてくれないかな。部長に相談しようと思ってるんだ。
女：わかりました。そういうことなら喜んで協力します。
ーーーーーーーーーーーーーーーーーーー
問題４３　二人が困っていることは何ですか。
＊１　業務量が多いこと
＊２　給料が安いこと
＊３　残業代が払われていないこと

問題４４　女性はこのあとまず何をしますか。
＊１　アルバイトへの仕事の説明
＊２　部長に見せる資料の作成
＊３　残業代の計算

3　パーティー会場で男性が話しています。この話を聞いてください。

————————————————

男：皆さん、今日のパーティーはいかがでしたか。今、お配りしたプレゼントですが、白、緑、オレンジの中からお好きな色を選んでいただきましたよね。実は、選んだ色によってどんな人かがわかるんですよ。まず、白を選んだ方は、まじめで正直な性格です。周りから信頼される素敵な人です。次に緑を選んだ方。白と同じくらいいましたね。平和を愛する人です。誰に対しても優しく接することができます。このような魅力的な方々に集まっていただき嬉しく思います。そして、一番多かったのがオレンジを選んだ方。明るく親しみやすい人です。また、楽しい気分のときは、人はオレンジ色に惹かれます。ということで、今日は多くの方々に楽しんでもらえたようですね。

————————————————

問題４５　一番多く選ばれた色はどれですか。
＊１　白
＊２　緑
＊３　オレンジ

問題４６　男性について、話の内容と合っているのはどれですか。
＊１　パーティーの参加者の性格をよく知っている。
＊２　パーティーの参加者が少なかったと思っている。
＊３　参加者の多くはパーティーに満足したと思っている。

4　女性と男性が男性の休みの過ごし方について話しています。この会話を聞いてください。

————————————————

女：原君、そういえば登山サークルどう？　今も参加してるの？
男：うん。でもなんか最近、あんまり楽しくないんだよね。
女：そうなの？
男：うん。新しいメンバーが増えて、雰囲気変わっちゃったんだ。昔からの気が合うメンバーはほとんど辞めちゃったし。それに最近は仕事も忙しいから、時間作るのも大変なんだよね。
女：そうなんだ。無理して参加するくらいなら、しばらく行くのやめたら？
男：そうしようかなあ。でも登山は好きだから…。今度は一人で行こうかな。
女：うん、それがいいわよ。

————————————————

問題４７　女性は男性にどんなアドバイスをしましたか。
＊１　新しい趣味を見つけたほうがいい。
＊２　サークルに参加しないほうがいい。
＊３　週末はゆっくり過ごしたほうがいい。

問題４８　男性はどうすることにしますか。
＊１　仕事に力を入れることにする。
＊２　他のサークルを調べることにする。
＊３　一人で登山に行くことにする。

5 会社で男性と女性がカタログについて話していま
す。この会話を聞いてください。
ーーーーーーーーーーーーーーーーーーーー
男：課長、業界最大手の「サニー」がカタログ冊子の
　　発行を廃止するらしいです。
女：ええっ、本当？
男：ええ。当社もコスト削減のため、廃止してはどう
　　でしょうか。カタログ販売をやめて、インターネ
　　ット販売に力を入れませんか。
女：うーん。時代の流れはそうだけど、うちの顧客は
　　大半が年配者でしょう？　カタログで注文してく
　　れるお客様が多いんだよね。
男：確かにそうですね。
女：でもコスト削減は必要なことよね。印刷代や送料
　　を下げられないかしら。
男：わかりました。ではちょっと調べてみます。
ーーーーーーーーーーーーーーーーーーーー
問題４９　男性はこのあと何を調べますか。
＊１　売り上げを伸ばす方法
＊２　経費を抑える方法
＊３　インターネット販売の方法

問題５０　この会社の特徴は何ですか。
＊１　業界トップであること
＊２　顧客にお年寄りが多いこと
＊３　インターネットでカタログが見られること

6 管理職向けの研修会で講師が話しています。この
話を聞いてください。
ーーーーーーーーーーーーーーーーーーーー
女：上司にとって部下といかにうまくコミュニケーシ
　　ョンをとるかは常に大きな課題ですが、必要なの
　　は本当にちょっとした心掛けです。実際に若い社
　　員達に聞いてみると、相談したくても上司が忙し
　　そうであったり、「そんなことをいちいち聞くな」
　　と言われたりするのが怖くて、話し掛けられない
　　という声があるのです。ひと昔前は、若者には厳
　　しく接して成長を促していたものですが、今はそ
　　れは効果的ではないとされ、お互いにコミュニケ
　　ーションをしっかりとることが求められています。
　　上司として、若い社員が気軽に話しかけられる雰
　　囲気を作っていくことが大切です。
ーーーーーーーーーーーーーーーーーーーー
問題５１　女性は何について話していますか。
＊１　最近の若手社員の特徴
＊２　若くして管理職になる方法
＊３　部下と働く際の心構え

問題５２　話の内容と合っているのはどれですか。
＊１　若い社員から積極的に話し掛ける努力が必要だ。
＊２　昔よりも仕事ができない管理職が増えた。
＊３　上司は気軽に話し掛けることのできる存在であ
　　るべきだ。

7　講演会で男性が仕事の効率について話しています。
　　この話を聞いてください。
ーーーーーーーーーーーーーーーーーーーーーー
男：近年、日本企業でも成果主義が導入され始め、労
　　働時間よりも成果が問われるようになってきまし
　　た。そこで今日は、効率よく働くポイントをお伝
　　えしたいと思います。まずは、仕事をリスト化し
　　優先順位を決めることです。目の前の仕事をただ
　　順に処理するのは非効率です。全体を把握し、優
　　先順位の高いことから取り組むことで、効率が上
　　がります。そしてもう一つ大切なことが休憩です。
　　一般的に１時間ごとに10分休むのがいいと言われ
　　ていますので、ぜひ実践してみてください。また、
　　週に１日は休息日を作りましょう。体調は仕事の
　　効率にも影響しますからね。
ーーーーーーーーーーーーーーーーーーーーーー
問題５３　男性は仕事の効率を上げるために何をすれ
　　　　　ばいいと言っていますか。
＊１　やることの順番を決める。
＊２　与えられた仕事から順に処理する。
＊３　仕事の成果をリスト化する。

問題５４　男性はどんな休憩方法がいいと言っていま
　　　　　すか。
＊１　１時間ゆっくり休む。
＊２　集中力が切れたタイミングで休む。
＊３　１時間ごとに10分休む。

問題５５　話の内容と合っているのはどれですか。
＊１　成果主義によって仕事の効率が下がる場合があ
　　　る。
＊２　労働時間が長いことは評価されなくなってきて
　　　いる。
＊３　週休二日制によって生産性が向上した。

これで聴解試験を終わります。

J.TEST実用日本語検定 (A-C)

日本語検定協会

◆ 名前をローマ字で書いてください。
Write your name in roman letter.

名前
Name

◆ 名前をローマ字で書いてください。
Write your name in roman letter.

◆ 受験番号を書いてください。
Write your Examinee Registration Number below.

◆ 下のマーク欄に受験番号をマークしてください。
Mark your Examinee Registration Number below.

受 験 番 号
Examinee Registration Number

⓪	⓪	⓪	⓪	⓪	⓪	⓪	⓪
①	①	①	①	①	①	①	①
②	②	②	②	②	②	②	②
③	③	③	③	③	③	③	③
④	④	④	④	④	④	④	④
⑤	⑤	⑤	⑤	⑤	⑤	⑤	⑤
⑥	⑥	⑥	⑥	⑥	⑥	⑥	⑥
⑦	⑦	⑦	⑦	⑦	⑦	⑦	⑦
⑧	⑧	⑧	⑧	⑧	⑧	⑧	⑧
⑨	⑨	⑨	⑨	⑨	⑨	⑨	⑨

注意【Note】

1. えんぴつ(HB〜2B)でマークしてください。
   Use a black soft (HB〜2B/No.1 or No.2) pencil.
2. 書きなおすときは、消しゴムできれいに消して
   ください。
   Erase any unintended marks completely.
3. きたなくしたり、おったりしないでください。
   Do not soil or bend this sheet.
4. マーク例 Marking Examples.

よい例 Correct	わるい例 Incorrect
●	⊘ ◐ ⊗

◆ 漢字名がある人は、漢字で名前を書いてください。
Write your name in Kanji if you have.

名前(漢字)
Name(Kanji)

◇ 読解・記述
【Reading／Writing】

1	①	②	③	④	
2	①	②	③	④	
3	①	②	③	④	
4	①	②	③	④	
5	①	②	③	④	
6	①	②	③	④	
7	①	②	③	④	
8	①	②	③	④	
9	①	②	③	④	
10	①	②	③	④	
11	①	②	③	④	
12	①	②	③	④	
13	①	②	③	④	
14	①	②	③	④	
15	①	②	③	④	
16	①	②	③	④	
17	①	②	③	④	
18	①	②	③	④	
19	①	②	③	④	
20	①	②	③	④	
21	①	②	③	④	
22	①	②	③	④	
23	①	②	③	④	
24	①	②	③	④	
25	①	②	③	④	
26	①	②	③	④	
27	①	②	③	④	
28	①	②	③	④	
29	①	②	③	④	
30	①	②	③	④	

31	①	②	③	④	
32	①	②	③	④	
33	①	②	③	④	
34	①	②	③	④	
35	①	②	③	④	
36	①	②	③	④	
37	①	②	③	④	
38	①	②	③	④	
39	①	②	③	④	
40	①	②	③	④	
41	①	②	③	④	
42	①	②	③	④	
43	①	②	③	④	
44	①	②	③	④	
45	①	②	③	④	
46	①	②	③	④	
47	①	②	③	④	
48	①	②	③	④	
49	①	②	③	④	
50	①	②	③	④	
51	①	②	③	④	
52	①	②	③	④	
53	①	②	③	④	
54	①	②	③	④	
55	①	②	③	④	
56	①	②	③	④	
57	①	②	③	④	
58	①	②	③	④	
59	①	②	③	④	
60	①	②	③	④	

61	①	②	③	④	
62	①	②	③	④	
63	①	②	③	④	
64	①	②	③	④	
65	①	②	③	④	
66	①	②	③	④	
67	①	②	③	④	
68	①	②	③	④	
69	①	②	③	④	
70	①	②	③	④	
71	①	②	③	④	
72	①	②	③	④	
73	①	②	③	④	
74	①	②	③	④	
75	①	②	③	④	

76〜100のこたえは
うらに書いてください。

Write the answers
from No.76 to No.100
questions on the
back of this sheet.

◇ 聴解
【Listening】

れい1	①	●	③	④	
れい2	①	②	●	④	
1	①	②	③	④	
2	①	②	③	④	
3	①	②	③	④	
4	①	②	③	④	
5	①	②	③	④	
6	①	②	③	④	
7	①	②	③	④	
8	①	②	③	④	
9	①	②	③	④	
10	①	②	③	④	
11	①	②	③	④	
12	①	②	③	④	
13	①	②	③	④	
14	①	②	③	④	
15	①	②	③	④	
16	①	②	③	④	
17	①	②	③	④	
18	①	②	③	④	
19	①	②	③	④	
20	①	②	③	④	

れい1	①	●	③	
れい2	①	●	③	
21	①	②	③	
22	①	②	③	
23	①	②	③	
24	①	②	③	
25	①	②	③	
26	①	②	③	
27	①	②	③	
28	①	②	③	
29	①	②	③	
30	①	②	③	
31	①	②	③	
32	①	②	③	
33	①	②	③	
34	①	②	③	
35	①	②	③	
36	①	②	③	
37	①	②	③	
38	①	②	③	
39	①	②	③	
40	①	②	③	

れい1	①	②	●	
41	①	②	③	
42	①	②	③	
43	①	②	③	
44	①	②	③	
45	①	②	③	
46	①	②	③	
47	①	②	③	
48	①	②	③	
49	①	②	③	
50	①	②	③	
51	①	②	③	
52	①	②	③	
53	①	②	③	
54	①	②	③	
55	①	②	③	

[ ]	91	(A) (B)
[ ]	92	(A) (B)
[ ]	93	(A) (B)
[ ]	94	(A) (B)
[ ]	95	(A) (B)

[ ]	96	
[ ]	97	
[ ]	98	
[ ]	99	
[ ]	100	

[ ]	76
[ ]	77
[ ]	78
[ ]	79
[ ]	80
[ ]	81
[ ]	82
[ ]	83
[ ]	84
[ ]	85
[ ]	86
[ ]	87
[ ]	88
[ ]	89
[ ]	90

J. TEST 実用日本語検定 問題集[A-Cレベル]2021年

2022 年 4 月 28 日　初版発行
＜検印廃止＞

著　　者　　日本語検定協会／J. TEST 事務局
発行者　　秋田　点
発　　行　　株式会社語文研究社
〒136-0071　東京都江東区亀戸1丁目42-18　日高ビル8F
電話　03-5875-1231　　FAX　03-5875-1232

販　　売　　弘正堂図書販売株式会社
〒101-0051　東京都千代田区神田神保町 1-39
電話　03-3291-2351　　FAX　03-3291-2356

印　　刷　　株式会社大幸